2016年四川省旅游业青年专家培养计划资助项目
项目名称：阿坝州旅游教育发展研究
课题编号：SCTYETP2016L34

阿坝州旅游教育发展研究：高校篇

张进伟 著

西南交通大学出版社
·成都·

图书在版编目（ＣＩＰ）数据

阿坝州旅游教育发展研究：高校篇／张进伟著. —成都：西南交通大学出版社，2017.1
ISBN 978-7-5643-5170-0

Ⅰ.①阿… Ⅱ.①张… Ⅲ.①高等学校 – 旅游教育 – 教学研究 – 阿坝藏族羌族自治州 Ⅳ.①F592.771.2

中国版本图书馆 CIP 数据核字（2016）第 304065 号

阿坝州旅游教育发展研究：高校篇

张进伟　著

责 任 编 辑	赵玉婷
封 面 设 计	何东琳设计工作室
出 版 发 行	西南交通大学出版社 （四川省成都市二环路北一段 111 号 　西南交通大学创新大厦 21 楼）
发 行 部 电 话	028-87600564　028-87600533
邮 政 编 码	610031
网　　　　址	http://www.xnjdcbs.com
印　　　　刷	四川煤田地质制图印刷厂
成 品 尺 寸	148 mm×210 mm
印　　　　张	5
字　　　　数	107 千
版　　　　次	2017 年 1 月第 1 版
印　　　　次	2017 年 1 月第 1 次
书　　　　号	ISBN 978-7-5643-5170-0
定　　　　价	30.00 元

图书如有印装质量问题　本社负责退换
版权所有　盗版必究　举报电话：028-87600562

前言

自 1999 年考入阿坝师范高等专科学校（阿坝师范学院的前身），我便与阿坝州教育结缘至今，眨眼之间我已在阿坝州学习、工作、生活了约二十年，留下了许多美好的回忆。

书中所有的文字，都是自己在工作中的心得体会与所见之感悟，日子长了，慢慢整理而出。在这里首先要感谢阿坝师范学院管理系陈林主任，是他为我指明了写作方向，并鼓励我付梓出版。这本书不仅是自己的第一本专著，也是工作十几年以来的总结回顾与展望。

现在把自己这些年写的文字整理在这本专著里，信手翻开，才发现辑文成册很有必要。这段经历把文字变成一颗颗沙砾，铺就在我历经的生活之路上。沙砾上留下了一串串歪歪扭扭的脚印，那是我生活日记中最好的印迹。当我回过头来，会看见那些若隐若现的划痕，揭开我所有的记忆。于是，有了这本充满探索与希望的书。

书稿记录着我的心路历程，释放着我的酸辣苦涩，或许曾有几许梦想，即使我的梦想已经迈过年轻，变成没有青春美丽的迷茫，但那是我一生曾经迷念过的希冀和期盼。

张进伟

2016 年 8 月

目 录

第一章 阿坝州旅游教育发展概述
- 第一节 阿坝州旅游教育的发展现状和问题 …… 2
- 第二节 阿坝州旅游教育面临的机遇和挑战 …… 5
- 第三节 阿坝州旅游教育的发展思路 …… 7

第二章 阿坝州旅游社会需求与人才培养
- 第一节 阿坝州旅游行业背景 …… 12
- 第二节 阿坝州旅游社会需求 …… 13
- 第三节 阿坝州旅游人才培养 …… 17

第三章 调研阿坝州旅游资源　服务地方经济
- 第一节 岷江上游地区民族民间旅游文化调研 …… 20
- 第二节 阿坝州藏族民俗旅游资源调研 …… 25
- 第三节 阿坝州羌族民俗文化旅游资源调研 …… 32

第四章 提议成立湘鄂渝川黔五省市边区旅游人才联合培训中心
- 第一节 湘鄂渝川黔五省边区旅游资源 …… 39

第二节	五省市相对优势与存在问题	43
第三节	为区域旅游发展提供人才和智力支持	46
第四节	联合培训中心具体构想	51

第五章 高校课程设置探索

第一节	体现专业技能	57
第二节	加强实践教学	58
第三节	培养"双师型"教师	60
第四节	开设特色课程与考证课程	61
第五节	改革考试评价体制	63

第六章 探索高校旅游类项目课程重构

第一节	国内外研究情况	64
第二节	高校旅游类项目课程内涵	65
第三节	高校旅游类项目课程建设缺陷	66
第四节	高校旅游类项目课程重构方法	68

第七章 引入新媒体参与高校旅游教学

第一节	新媒体对高校旅游教学的影响	73
第二节	新媒体背景下高校旅游教学危机	76
第三节	新媒体环境下的高校旅游教学改革	77

第八章 阿坝师范学院导游教学定位

第一节	发展特色专业教学	80
第二节	实施"一体两翼"人才培养模式	81

第三节 "情景式"与"双轨制"教学整体发展　82
第四节 开展双语教学　84

第九章 推进导游口试教育
第一节 导游口试概况　89
第二节 合格率低的原因　90
第三节 提高合格率的方法　92
第四节 区分途中导游与景点导游　97

第十章 创新改革教育方式方法
第一节 创新人才培养模式建设　101
第二节 实践教学体系改革建设　103
第三节 实施"平行四边形"教学组织方式　105
第四节 专业实训课改革　109

第十一章 建设"一体四结合"旅游课程群
第一节 课程群建设的背景　114
第二节 课程群建设的意义　118
第三节 目标与构想　119
第四节 主要内容　122

第十二章 开发旅游商品　助力农村脱贫
第一节 阿坝州旅游商品市场发展现状及问题　125
第二节 羌绣纹饰技艺旅游商品开发　128
第三节 助力水磨镇乡村旅游产业化脱贫　135

第十三章　申办本科　开创未来
  第一节　申报本科的必要性　　139
  第二节　申报本科的可行性　　140
  第三节　本科培养方案　　142

参考文献　　147

第一章
阿坝州旅游教育发展概述

随着阿坝州旅游业作为国民经济新增长点的地位持续得到加强以及省政府加快发展旅游业要求的提出，阿坝州旅游教育的发展进入了一个新的时期。在当前形势下，如何应对国际国内旅游人才竞争加剧的挑战，适应旅游产业高速发展的需求，为实现旅游强州的目标提供有力的人才支撑和智力支持，是值得我们认真思考和回答的一个重要问题。与一些基础学科相比，旅游教育具有鲜明的职业倾向，必须与旅游产业的实践相关联，才能使其自身发展具有生命力。因此，旅游教育不仅要服从学科专业建设的规律，同时也要反映出旅游产业的发展对人才的转变。旅游教育在成长过程中将会面临许多新的机遇和挑战，阿坝州旅游教育界只有在办学实践中主动适应改革的趋势和要求，在正视不足的同时保持和发扬自身的优势和特色，才能增强阿坝州旅游教育的整体水平，使其更好地服务于阿坝州旅游业的发展。

第一节　阿坝州旅游教育的发展现状和问题

一、旅游教育整体规模稳步增长，同时存在部分问题

"十二五"期间，阿坝州开设旅游专业院校的数量和旅游专业在校生的人数稳步增长，符合阿坝州旅游产业蓬勃发展的局面。截至 2015 年年底，阿坝州共有开设旅游专业的各类院校 3 所，在校生 500 余人。其中，高等院校 1 所，在校生 204 人；专业旅游院校 1 所，在校生 183 人；中专职高类院校 1 所，在校生 136 人。目前阿坝州的旅游教育涵盖了中专、中职、大专等不同的教学层次，开设了旅游管理、旅游英语、酒店管理、导游等专业，为阿坝州旅游业的发展提供了比较充足的人才保证。与此同时，阿坝州的旅游教育也面临着一些亟待解决的问题，比如：各校开设的旅游专业缺少鲜明的特色和在省内外具有一定影响力的品牌；未能有效地将教育目标与市场需求挂钩；旅游教育的投入不足、创新不够等。

二、旅游院校教学层次结构总体合理，但高层次教育的实力不强、专业设置不尽合理

"十二五"期间，阿坝州旅游教育的规模不断扩展，适应了阿坝州旅游人才市场多样化的需求，教育层次结构也逐步趋于合理，现在有专科、中专、职高三个层次，高、中、低各个教育层次由少到多形成了一个金字塔形结构。但由于阿坝州开设旅游专业的院校目前尚不能自主招收本科生,造成旅游专业本科生教育远不能满足旅游业大发展对高层次人才的需求。目前旅游人力(才)资源的现状是:人力资源供过于求,人才资源供不应求。旅游业较为紧缺的人才主要有三类:一是旅游企业经营管理需要的常规人才,如高层管理者,从事人力资源管理与开发、市场营销、旅游娱乐管理、旅游规划、旅游景区管理、物业管理等人才;二是随着旅游业发展需要的一些新的专业人才,如从事电子商务、分时度假旅游网络管理、会展旅游、旅游资本运营等人才;三是在未来社会竞争中需要的创造型、复合型、协作型人才。从阿坝州旅游院校的专业设置上看,目前在校生的学习方向以旅游管理、酒店管理和旅游英语为主,以市场营销、旅游规划、烹饪餐饮、旅游日语、会展策划、旅游工艺品设计等专业课程为辅,而有着相当市场需求的风景园林、旅游资源开发、景区管理、旅游项目投资分析、旅游电子商务等方向还缺乏相应的专门人才。

三、旅游院校的地区分布与各地旅游业的发展基本相适应,总体上缺少一流品牌

现在全州 13 个县中,只有九寨沟县、茂县、汶川县开设有旅游专业,旅游院校的分布情况与各地的教育水平和旅游业发展水平基本吻合。由于汶川县是阿坝师范学院所在地,因此在旅游教育的质量上也是一枝独秀,即便如此,仍然缺少在省内外的竞争力。目前,具有鲜明办学特色和办学模式的旅游品牌院校在省内仍属稀缺资源。

四、各校开设旅游专业的积极性高涨,但办学目标不明确、定位不准

"十二五"期间,开设旅游专业的院校数量增长迅速,但绝大多数新增设旅游专业的院校在培养人才类型的目标定位上并不明确,导致教学计划、课程设置的针对性较差,培养出来的人才在知识结构、能力结构方面难以适应旅游行业相关岗位的任职要求。学生看起来似乎是服务操作、基层管理、中高层管理和理论研究能力兼而有之,但实际上是"四不像",在就业竞争中缺乏自己的核心能力。此外,不少院校关起门来办学,与行业管理部门、旅游企业等联系很少。教学内容与行业实际、职业特征脱节的现象严重,导致培养出的学生与用人单位的要求存在一定的差距。

五、学科体系不完善,教师的实践水平低下

从学科目录上看,旅游管理专业应该是工商管理大类下的子专业,与工商管理、企业管理等专业平行,但很多高校的旅游系或旅游专业分别隶属于人文社会科学学院、地理科学学院、历史学院、外国语学院等,这在很大程度上说明了旅游学科体系的不完善。旅游学科是新兴学科,要完善学科体系建设,仍然还有很长的路要走。

另一方面,由于各校缺乏较为周密的师资建设计划和稳定的培养渠道,因而专业教师严重不足。一些高职称的教师大多是相近专业转向,理论水平、学术水平较高,实践经验较少,而新近毕业的旅游院校的年青教师，既缺乏实践经验，理论功底也不够，这种师资队伍的知识结构不能适应旅游教育的需要，且使得旅游院校与管理队伍青黄不接的问题比其他专业显得更加突出。目前的旅游教育课堂上，真正能够做到理论联系实际的教师较少，照本宣科的现象较多。

第二节 阿坝州旅游教育面临的机遇和挑战

一、实现旅游强州的目标，对旅游教育提出了新的要求

旅游强州目标的实现，需要一流的旅游教育来提供强有力的人才保证和智力支持。这一方面为阿坝州开设旅游专业的院校的发展提供了广阔的发展空间，另一方面又对阿坝州开设旅游专业的院校提出了更高的要求。它要求各校能够逐步建立一套系统、高效的旅游人才开发体系和开发机制，使旅游业的行政领导人才、职业经理人才、实践操作人才、短缺专业人才和教育培训师资人才的供给在数量、素质和结构等方面适应参与旅游竞争的需要，为阿坝州实现旅游强州的目标提供有力的人才保障。

二、"十三五"期间，旅游人才竞争将会出现新的特点

"十二五"期间，随着我国"入世"承诺的逐步兑现，外资进入旅游行业的门槛已经大大降低，"国际竞争国内化，国内市场国际化"的形势已经突出地展现在我们的面前[①]。而且,经过这几年中资与外资的相互试探,双方已经越来越知己知彼。可以预见,"十三五"期间旅游行业内的人才竞争将伴随着经济竞争的加剧而被提升到新的高度,相应的会出现一些新的特点：更多的外资旅游企业会以提供较好的待遇、学习培训机会和个人发展前景等方式来吸引高层次的旅游人才,一批具有全球眼光和战略思维、熟悉世贸规则、懂得现代化经营管理的国际化旅游人才,将成为开放的旅游行业发展洪流中的弄潮儿。因此,旅游院校必须及时调整旅游教育的目标和旅游人才的素质结构,使他们适应国际化竞争的要求。

三、知识经济时代的来临,要求旅游教育不断创新

当今世界已进入知识经济时代,从本质上讲,知识经济是一种创新经济,而旅游院校正是为旅游行业培养创新精神和创新人才的重要摇篮,因此,旅游院校要加强对学生创造性思维和创新能力的培养,重点是培养学生怎样去系统地思考问题、怎样去学习新知识、怎样去不断创新以及怎样提高实践能力。

在知识经济时代,旅游业作为阿坝州经济发展的支柱产业,要想在日益激烈的全球旅游业竞争中不断发展壮大,从业人员必须具备与知识经济相适应的知识和能力。这就对我州旅游教育提出了新的要求。因此,面对知识经济的到来,我们应抓住机遇,

---

① 谷慧敏,秦宇. 旅游教育教学法研究[M]. 北京：北京师范大学出版社,2016.

利用现代教育思想和技术，认真分析我州旅游教育中存在的主要问题，根据知识经济条件下对旅游教育的新要求，促进阿坝州旅游教育的改革与发展，使旅游教育能够适应知识经济潮流，从而更好地适应阿坝州旅游业发展的需要。

第三节 阿坝州旅游教育的发展思路

一、树立改革、创新的教育观，提升专业教师质量

旅游院校要根据社会发展和旅游业发展对人才培养提出的新要求，转变观念、深化改革、鼓励创新，不断提高旅游教育的质量，创造性地开展旅游人才培养和人才开发工作[①]，不断在教育理念、教育体制、教育结构、人才培养模式和教学方法等方面进行改革，在教育内容、教育方式、教育手段、教学组织和教学管理等方面进行创新，以改革和创新为基础，推动旅游教育质量的全面提高。要实现这样的目标，专业师资队伍建设是关键，可以通过建设旅游专业师资培训基地，采取多种形式，培养旅游骨干课程师资和紧缺专业师资；充分利用远程教育、网络教育等现代教学手段，扩大师资培养的规模；推进旅游院校的产学研一体化，提高旅游专业教师理论联系实际的能力，建立一支专职与兼职相结合的旅游教育师资队伍。

---

① 傅桦，吴雁华. 旅游教育与就业[M]. 北京：中国环境出版社，2008.

二、改进旅游人才培养机制，加强素质教育

从目前阿坝州旅游人才的流动情况看，旅游行业内人才流出的数量远远高于流入，这固然与行业间的收入水平差别相关，但在另一方面也说明了旅游人才的培养机制不能很好地实现与用人单位实际需求的契合。因此，阿坝州的旅游院校必须着力改进人才培养机制和人才培养方法，大力培养学生的终身学习能力、在实际情境下分析解决问题的能力和创业能力，同时加强对学生的诚信教育和职业指导，使他们树立正确的价值观和择业观。总体来看，旅游教育要在稳步扩大旅游人才队伍数量的同时，把提高旅游人才素质特别是创新精神、职业道德水准、实践能力和外语水平放在首位，优化旅游人才的素质结构、能力结构和专业结构，提高旅游人才的整体质量。

三、强化基础课教学，培育科学的课程体系和课程设置

旅游学科属于边缘学科，由于其"杂学"的特征，其中穿插了许多其他学科的课程。对于旅游专业来说，应强化基础课教学，为学生今后的发展打下坚实的基础。像外语、计算机、法律、经济、管理和财会等课程都应该得到一定程度上的强化，与此同时，举办相关的专题讲座，拓宽学生的知识面。而专业课的比例可以适当降低，有些课程可以压缩或由学生自学，转而重视专业课教学中的案例教学和实践教学。传统的以教师为中心的演讲式教学应当转换为以学生为中心的互动式教学，通过模拟场景、个案分析、现场锻炼等方式，使学生通过实践来掌握抽象的理论、概念，

同时强化学生思考和研究问题的能力。

四、通过旅游管理专业文化建设，帮助学生理性认识旅游行业、树立正确的职业观念，奠定学生职业发展思想基础

旅游教育具有很强的行业针对性，职业化程度高，受教育者从学生成为职业人是人生中重大的角色转变，需要观念的转变、心理上的转变、行为的转变，而学校的专业教育阶段要帮助学生完成这个转变，为旅游行业培养出合格的准职业人。奠定职业人基础的条件有职业态度、职业意识、职业精神和职业能力，职业能力是以专业能力为基础，它通过不断的强化和训练便容易得到，而决定从业态度、意识和精神的是职业价值观，是对职业的认识和理解。它们的形成不是一蹴而就的，必须在一定的文化环境中培育而成。在旅游教育中建设与旅游行业对应的专业文化，也就成了实现育人目标的必然。专业文化是指师生围绕某个专业培养目标的实现而共同遵守的核心价值观和共同的价值取向，它体现专业成员共同的追求和理念，对专业中每一个人的行为形成潜移默化的指导与规范，从而将专业思想变为专业成员的自觉行为。专业文化产生于一个特定的专业群体，带有组织文化特点，具有一套体系，它包含着专业育人的方向与指导思想、专业教学内容与模式的选择、学生教育的组织与设计，专业文化是专业建设的灵魂。

五、建立以职业需求为目标的教育模式定位

旅游教育的发展应该和旅游业的发展相适应，甚至适度超前发展，所以旅游专业一定要密切注意行业的发展动态，了解行业对人才的需求，并相应的在办学导向、教学方法和课程设置等诸多方面按市场要求进行调整，明确不同教学层次的定位，根据阿坝州旅游业的发展和人才市场的需求来调整和确定人才培养计划，尽可能做到"以需定产"。

六、推行职业资格考试，拓宽就业途径

近两年来"毕业即失业"的现象引起人们的普遍关注，怀揣高等学历的大学毕业生由于缺少实际操作能力，缺乏工作经验，一毕业就面临失业的危机。与此相对应，大学生"回炉"上技校人数日渐增多。毕业即失业：职业技能是瓶颈。正是"职业技能"这个瓶颈阻碍了大学生本应顺理成章的就业。这也给人们带来深刻的启示：学历不能与能力画等号，学历代表的未必是真才实学，一纸文凭走遍天下的历史将宣告结束。正如一位企业家在阐述人才见解时所说，一个熟练工人，即使没有大学文凭，但如果他所从事工种的工作很出色，又是企业非常需要的，有什么理由不给他发高薪？随着经济的发展，用人单位对能力型人才的追求使就业市场的学历"高消费"正在回归理性。去年珠江三角、长江三角和环渤海工业圈许多工厂招不到技术工人，上海某单位甚至开出40万的年薪，聘请日本技工来沪打工，就是一个佐证。我国现已开始推行就业准入制度，任何人在拥有学历证书的同时，还必须拥有职业资格证书。可以这样说，职业资格证书是大学毕业证之后的第二块"敲门砖"。大学生们若持"毕业证书+职业资格证书"双证求职，将会更具有竞争力。

七、重视与相关部门的横向联系,积极组织学生参加社会实践

实践教学环节在旅游专业的地位非常重要,国外的一些著名的旅游院校,如康奈尔、普度等旅游学院,要求本专业学生的社会实践时间为 1000 小时,除此之外,还规定了实习时间为 300-500 小时,可见他们对实践教学环节的重视程度。[①]旅游专业应当积极与有关的旅游管理部门和旅游企业加强交流与合作,争取参与或承担行业的有关工作,如行业标准的制定、各类专业教材的编写和考试的命题、项目的规划论证、行业内各类培训班的举办等,为学生参与社会实践提供一定的机会。另一方面,积极选送学生走出校门、服务社会,这样可以使学生得到包括能力、技能、交际等方面的锻炼,有利于养成学生的职业意识和职业态度,提高学生的综合素质,为他们毕业以后迅速完成社会角色的转换打下良好的基础。旅游专业只有通过深入强化实践环节的教学,妥善处理知识与能力、教学与实践的关系,扎实培育学生的创新精神和实践能力,才能真正把握住素质教育的重点。

---

① 蔡红. 信息化与网络化背景下的旅游发展与旅游教育[M]. 北京:中国经济出版社,2013.

第二章
阿坝州旅游社会需求与人才培养

第一节 阿坝州旅游行业背景

我国旅游行业急需的人才主要有六类：(1) 具有国际视野，熟悉集团运作、资本运营的职业经理人才；(2) 通晓管理、规划的领导人才，他们对于旅游业的理解和认识对一个地区旅游业的发展具有直接影响；(3) 旅游理论研究人才和教育培训师资人才，理论研究成果指导实践良性运转，他们素质的高低直接决定着旅游人才开发的质量；(4) 具备扎实的理论知识和操作技能的双师型教育人才，优良的师资队伍将为旅游行业储备良好的后备力量；(5) 熟悉国内外旅游市场、熟悉客源市场、精通消费者行为和营销策划的专业人才；(6) 专业技能过硬、服务意识强的协作型和应用型服务人才。

一、我国旅游业持续快速发展

世界旅游组织预测，到 2020 年旅游人数将达到 16 亿人次，国际旅游消费将达到 2 万亿美元。而该组织的统计同时显示，旅游业在全球整个生产总值中所占的份额大约为 10%，已经超过了汽车、钢铁、石油等产业，成为世界第一大产业。预计到 2020 年，中国将成为世界第一大旅游目的地国和第四大客源输出国。

二、阿坝州旅游管理专业人才就业空间广阔

近年来，随着四川省旅游业的持续、快速发展，阿坝州旅游业的发展也取得了显著成绩。2015 年全年接待游客 3230.57 万人次，实现旅游总收入 285.09 亿元，分别比上年增长 12.3%、17.4%。其中，入境游客 11.11 万人次，实现外汇收入 1830.13 万美元。九黄机场进出港航班 12 892 架次，旅客吞吐量 142.15 万人次。旅游经济总量排到了四川省的第二位。导游从业人数逐年增加，目前阿坝州旅游直接从业人员 2.6 万人，预计 2016 年全州新增旅游就业达 6000 多个岗位，而报考导游证的考生 2000 多名，即使全部通过考试也还有 4000 左右岗位的缺口，今后还将以每年 3000 左右的速度递增。可见，阿坝州旅游业现状是人才资源供不应求。

第二节　阿坝州旅游社会需求

一、旅游管理专业学生的就业方向

根据企业提供的数据显示，旅游管理专业学生的主要就业方向为酒店、餐饮、旅行社等大类企业。其中以酒店的人力资源需求门类最多，有前厅、客房、餐饮、保安、销售等。根据毕业生调查表显示，学生毕业后从事的岗位如下：导游—中级导游、讲解员、计调操作、酒店/餐饮的服务员—领班—经理等。

综合两个方面的分析可以看出，旅游饭店、旅行社、景区等三大类企业是旅游管理专业学生的主要就业点。

二、各就业方向人力资源需求总量

根据智联招聘网的数据库所提供的数据，截至2016年8月，依据行业类型划分，以"酒店/餐饮/旅游"为关键词所检索的旅游管理类人力资源需求总量为12 830个。由此可以看出：酒店、旅行社、旅游景区是旅游管理专业人力资源的主要需求方，需求量占比由高到低依次为酒店、旅行社、景区，其中酒店的需求量占旅游管理专业人力资源需求的60%~70%。

三、需求方对旅游管理专业学生素质的要求

酒店与旅行社等核心旅游部门对旅游管理的专业人才表现出很高的需求欲望，然而相对如此庞大的旅游市场，专业旅游人才显得十分紧缺，尤其是高技能、高素质人才。

旅游企业除要求学生具备旅游行业的基本管理知识、技能，具有运用旅游管理理论分析和解决问题的基本能力，还需掌握有关旅游管理问题研究的定性和定量分析方法，并且具有较强的动

手、组织、决策能力，善于处理人际关系，熟悉我国关于旅游业发展的方针、政策和法规，了解旅游业的发展动态和主要国家的风俗习惯、交往礼仪，熟练应用外语、计算机和运用相关软件的能力。除此之外，还对职业素养、服务意识与职业精神三个方面提出了更为具体的要求。

1. 企业对职业素养的要求

随着饭店业、旅行社竞争的日益激烈，越来越多的旅游企业意识到从业人员职业素质的重要性。认为旅游管理专业的学生可以不熟悉技能操作，但是必须有高尚的职业道德、强烈的服务意识、良好的礼仪礼貌修养和灵活的应变能力，否则将难以胜任越来越受客人"挑剔"的服务工作。酒店在招聘人才时会对教育背景有一定的要求，但是一个成绩好的学生不一定就适合从事酒店业。从事酒店业的人才应该是谦逊的，而不是自大、骄傲的，应聘者最好有一个良好的外表，且能习惯保持自然的微笑，而且机灵聪敏。五星级酒店还倾向于招聘有流利的英语、日语、韩语等多种外语口语能力的优秀员工。旅行社对旅游管理专业的学生最起码的要求是有导游证，亲和力、口头表达能力要强，此外对外语口语能力要求较高，特别是需要会韩语、俄语的导游人才。

2. 企业对服务意识的要求

服务意识是旅游管理从业人员素质高低的标志，也是旅游企业软件建设的关键。所谓服务意识就是员工一进入工作状态，就能自然地产生一种强烈的为客人提供优质服务的欲望，以满足客人需要作为自己的最大快乐,服务意识不仅体现在为客人服务时,同时也应体现在同事之间的工作配合中[①]。旅游企业是一个团结协作的整体,优质服务源于各部门的协调配合,每一位员工都要讲求协作和团队精神,培养良好和谐的人际关系,热情主动的合作态度,互相服务、互相配合的良好的工作作风,同事之间要在一种友好和睦的环境中愉快工作,为客人提供最佳服务,为企业创造最佳效益。

然而,据我们对企业的调查,近年来就业的员工普遍服务意识不强,对服务性工作的认识较为极端,因而很难在工作中保持愉悦的心情。此外,近年来就业的员工基本都具有较强、较为鲜明的个性,给管理造成了很大的不便。而在这些员工的求学阶段并未接受系统的服务意识教育,在求学阶段所接受的教育使之形成一种"进入旅游企业相关岗位就是去做管理,其他的服务性工作都比较低下"的观念,而基本没有进入服务性岗位的心理准备,导致其进入工作岗位后很难培养服务意识。

3. 企业对职业精神的要求

由于旅游管理是一门应用性很强的学科,因而旅游企业一般都要求旅游管理专业的学生在就业时必须具备良好的职业道德修养和职业道德行为。以饭店业为例,饭店员工的职业道德就是饭店员工在饭店服务过程中,应遵循的行为规范和行为准则。饭店是社会文明的窗口,饭店员工必须有良好的社会道德观念、道德

---

① 韩宾娜. 旅游教育概论[M]. 天津:南开大学出版社,2010.

情操和道德风尚，能够自觉运用道德规范约束自己的行为，做好服务工作。有良好道德修养的员工，在饭店服务中，就能够自觉遵守"尊重宾客，礼貌待客，对客人一视同仁，遵纪守法"的职业行为准则。此外，饭店从业人员还应具有崇高的敬业精神，培养爱岗敬业的酒店意识，以饭店的发展作为个人发展的前提，培养主动积极、尽职勤奋的工作态度，热爱本职工作，勤于本职工作。

第三节　阿坝州旅游人才培养

通过对当前社会旅游经济发展的总体状况分析，综合需求方对旅游管理人才素质的要求来看，阿坝州旅游管理专业的培养方案——"高素质技能型人才"的设定较为合理，但以下几方面需要特别注意：

一、对专业课程的设置进行本土化调整，增加阿坝州景区概况和阿坝州民族民俗，凸显阿坝州特色

阿坝州地处岷江流域，面积 8.42 万平方千米，总人口 847074人，其中：藏族占 52.3%，羌族占 17.7%，回族占 3.2%，汉族占 26.6%，其他民族占 0.2%。阿坝州是四川省第二大藏区和我国羌族的主要聚居区，有着独具特色的旅游资源。所以，在专业课程的设置上，需要充分整理、挖掘阿坝州的旅游景区景点，将藏族、羌族民俗，以图文并茂的形式展现在课堂上，便于学生感性认识，

争强记忆效果。

二、有计划地增加实训课程的安排

旅游管理是一门实践性很强的学科，因而在理论学习的同时，必须辅之以一定数量、一定层次的实践与实训课程。在一年级的"以公共课为主，辅之以专业基础课"、二年级的"以专业课为主，辅之以实训"后，三年级能"以实训与实习为主，辅之以专业课程"。实训课程以旅行社岗位认知开始，逐步深入到阿坝州民俗游、景区1日游，再过渡到旅行社的实习游。

三、在三年级时，可进一步将旅游管理专业分为两个方向

在前述的需求方调研分析中，我们发现：酒店和旅行社是旅游管理专业学生就业的主要方向，且这两类企业的吸纳能力较大，可以将其定位为旅游管理专业学生就业的一级目标市场。在三年级时，可以进一步将旅游管理专业分为两个方向：旅行社/导游方向、饭店管理方向；每个方向的学生可根据需要选择相应的选修课，以进一步提升专业素养。

四、有步骤地探索与实践"2+1"的人才培养模式

为了培养符合旅游市场需要、受企业欢迎、具有实际动手能力和一定管理能力的专业人才，旅游管理专业可以实施"2+1"的人才培养模式。

即两年时间在校学习专业理论知识并辅之以专业实训,一年时间在旅游企业/酒店进行实习实训,使人才培养与市场需求接轨、理论教学与实践能力结合、知识创新与技能操作并重。

第三章
调研阿坝州旅游资源　服务地方经济

阿坝师范学院地处阿坝藏族羌族自治州，学校的发展离不开地方的支持。按照教育部的要求高校的各项科研成果及培养学生需要服务地方经济，为此阿坝师范学院旅游管理专业在整个发展过程中，一直密切联系地方，针对阿坝州各项旅游资源开展调查研究，取得了丰硕的成果，为地方经济发展做出了应有的共享。

第一节　岷江上游地区民族民间旅游文化调研

一、民族民间文化概况

岷江上游地区，拥有独具民族特色和地域特色的藏羌文化，尤其是活态的非物质形态的民族民间文化。它们以固态的自然景观和文化遗址为依托，拥有颇为丰富又特色鲜明的民族民间文化资源。其主要情况如下：

音乐：从民歌看，藏、羌民歌包括山歌、劳动歌、酒歌、舞蹈歌以及祭祀、丧葬歌五大类，以及某些特定习俗或用途的民歌（如羌族的"出征歌"）。羌族、阿尔麦藏及部分嘉绒藏族、白马藏族均有二声部或多声部民歌，如羌族北部地区的"古纳"、"尕罗"（山歌）、"沙蒙"（劳动歌）等，阿尔麦藏族的"纳玛"（酒歌）、"色娄"（男女对歌），嘉绒藏族的"嘛呢"（祭祀歌）。最具特色的是羌笛，"羌笛何须怨杨柳，春风不度玉门关"，这是唐诗中的描写。

舞蹈：阿坝州的民族民间舞蹈文化内容丰富、特点突出。在九寨沟县，既有安多藏族草地风味的"卓"舞，又有白马藏族的"攫（所谓'十二相'）""圆圈舞""火圈舞"；在理县，嘉绒族舞蹈则有"达尔嘎""五屯卓"等。而在多民族共居的松潘县，重要舞种有羌族的"莎朗""铠甲舞"，还有回族的"花灯"，而回族"花灯"又是极少有的流传下来的回族舞蹈品种；在羌族主要聚居区域茂县和汶川，除了"莎朗""铠甲舞"，尚有"布兹拉"（羊皮鼓舞）"巴绒"（礼仪性舞蹈）等。

戏剧：羌戏和藏戏都属于具有原始艺术魅力的戏剧。羌戏是一种古老别致的仪式性民间戏剧，又称"释比戏"。羌语中，"释比"是巫师的称呼，日常生活中，他们主持各种祭祀仪式为人驱邪治病解祸，主持婚丧嫁娶。羌戏的剧目有《羌戈大战》《木姐珠与斗安珠》，以及《斗旱魃》《众母舅祈雨》等。其表演原始古朴，有浓厚的民俗气息。作为中国藏戏的分支之一，四川的藏戏主要分布在甘孜和阿坝，阿坝的藏戏又包括安多藏戏和嘉绒藏戏，剧目除了《文成公主》《朗莎雯波》《顿月顿珠》等八藏戏外，尚有新编历史剧《牟尼普赞》等。

民间工艺：无论藏还是羌，服饰工艺、新织工艺、刺绣工艺、金属工艺等等，都丰富多彩。如羌族挑绣，有着悠久历史和传统，是羌族妇女的必修课，从小就受训练。图案多取自生活中的自然景物，如花草、瓜果、飞禽走兽之类，内容多表现吉祥如意，既是现实生活的反映，又是古羌文化的写照。其针法除挑花外，还有纳花、纤花、链子扣、平绣等，不同的针法形成多样的风格。按传统习俗，几乎每个羌族妇女都有自己的挑花腰带、围裙和胸兜。

节日风俗：有藏历年、羌历年、若木纽节、黄龙寺庙会、羌族转山会、回族开斋节、牟尼沟卓锦节、松潘红军节等。尤其是民族传统节日，可谓各民族繁衍史的"活化石"，是其生活习俗、宗教文化、民族精神的真实写照，具有很高的研究、开发、利用价值。转山会又称祭山会，乃羌族传统习俗之一。

二、民族民间文化与当地旅游开发

就开发利用民族民间文化资源而言，九环线上拥有"九寨沟格萨尔王营盘""九寨沟藏羌风情晚会""山菜王""桃坪羌寨"等具有本土特色的综合性文化旅游项目，初步形成以自然景观与人文景观相融合的大阿坝文化旅游网络。

民族民间歌舞为岷江上游旅游业的文化注入活力，丰富着旅游的人文内涵和提高着旅游的人文色彩，同时也创造了令人羡慕的市场效益，这在九寨沟等地有鲜明体现。如今，仅仅在九寨沟风景区内，就有十几家民族艺术歌舞团（并非公办性质，乃社会力量组建的民间职业剧团），每年接待游客130多万人次，经济效益相当可观。如今，对于远方的游客来说，白天观风景，晚上赏歌舞，已成为九寨沟旅游不可分割的整体。

在汶川的三江生态旅游区，也有类似的民族歌舞表演。如位于三江的潘达尔酒店，其周末晚会就融藏、羌歌舞、民俗于一体，既有舞蹈"萨朗""花儿纳吉"，又有体育类游戏"推杆"，还有融入羌族祭祀民俗、婚姻民俗的节目，给游客带来愉快的精神享受。有别于九寨沟的民间职业剧团，这里的演员们则全是店里的年轻服务员。该酒店外形系藏式建筑，内部装修在汲取民族风格的同时又很现代化。该酒店名称也很有意思，据知情人讲，"尔"即尔玛，指羌族，"潘"即番，指藏族，"达"在当地少数民族语言中是"和""秘"的意思，显然经营者意在借藏、羌文化树立企业形象和招引游客。

又如茂县的餐饮企业"山菜王"，如今已是名声在外的企业。不但其硬件环境布置全部采取羌民族风格，而且吸收羌族民俗为来宾们进门时举行隆重而富有特色的迎宾仪式，并以羌族姑娘歌舞伴餐；让来宾在享受有地方特色的口福之乐时，也实实在在地欣赏一次羌族民间文化风情。"山菜王"经营者对羌族民族民间文化的吸收和利用，正是促使该企业良好发展的重要因素之一。

三、目前存在和亟待解决的若干问题

（一）仅仅处于起步阶段

岷江上游地区除了九寨沟等地外，绝大多数地区对民族民间文化资源的开发尚停留在家庭和作坊式阶段，成规模和大的企业还没有。事实上，"西部开发"的大背景下，对藏、羌民族节日风俗的开发，对羌族挑绣等民间工艺产品的开发，对藏戏、羌戏、

回族花灯、民族歌舞等表演艺术的开发，对各种民族性游艺娱乐文化的开发，从以人文为旅游注入鲜活灵魂这个大目标看，其中可供大做文章的空间还很宽阔。这里，对于这些民族民间文化遗产在当今时代的价值认定，从上级部门到一般民众，都有一个提高认识水平和强化自觉意识的问题。

（二）民族文化传承危机

1. 年轻一代不学、不说羌语

据了解，年轻一代不学、不说羌语的现象在沿江顺公路的交通发达地区十分突出。羌族是有语言无文字的民族，语言对于维系一个民族的重要作用众所周知。如果羌族在现代化进程中连民族语言也丢失了，其后果的严重性当不言而喻。这说明现代化进程在推动族群交往和文化交流的同时也使少数民族文化面临严峻挑战，实质上它反映出相对处于文化弱势地位的某些民族对自身文化价值认识不足以及民族文化自信心缺乏。

2. 羌笛演奏无继承人

羌笛是羌民族最具特色的乐器，乃中华音乐文化的瑰宝，自西汉以来就闻名于史。"近世双笛从羌起，羌人伐竹未及己"，这是汉代马融《笛赋》中说的。据了解，目前在九寨沟里的某些文艺晚会上，游客有时也能见到吹奏羌笛的表演。不过，调查得知，目前在羌族地区，真正会演奏羌笛的人数在10人以下，而且年龄最小的也在50岁以上。除此以外，羌族独具特色的多声部民歌，目前会演唱者也是寥寥无几。更令人担忧的是，这些音乐文化遗产几乎没有年轻的传人。

3. 房屋装饰追逐时髦

经都江堰沿岷江河谷而上，公路两旁新盖的羌族民居尽管仍依照本民族建筑"累石为室"的传统，但在片石垒砌的外墙面上大多贴上了白色的瓷砖，显得非常刺眼。诚然，随着时代社会发展和当地经济水平的提高，老百姓希望将自己的住宅按照他们眼中的"时髦"方式加以美化，这愿望和要求无疑都是合理的。然而，当地人这种以贴瓷砖为"时髦"的选择，在今天大城市的人看来已是过时的。试想，在通往九寨沟的这条黄金旅游线上，在这个富有特色的少数民族聚居区域，一个域外旅游者或考察者兴致勃勃地到来，一路上所见都是这贴着西式白色瓷砖的所谓民族建筑，会留下什么感受和印象，这是不言而喻的。

第二节　阿坝州藏族民俗旅游资源调研

一、阿坝州藏族民俗旅游资源开发现状

阿坝州位于四川省西北部，紧邻成都平原，北部与青海、甘肃省相邻，是我国第二大藏族聚居区，生活在这里的藏族人民地处边陲，偏远闭塞，在几千年的历史长河中，创造了具有世界意义和价值的文化以及具有浓郁民族特色和地域特色的习俗。这些习俗大多内容健康，格调高雅，形式多样，并具体体现在建筑服饰、饮食习俗、岁时节俗、歌舞游艺、礼仪活动和民族手工艺品上。

阿坝州藏族地区拥有众多又美好的民俗文化，加上奇妙的自然景观和丰富的自然资源，使旅游者纷至沓来。民俗文化的经济

价值使许多地方迅速实现了脱贫致富，并且由此拓宽了该地区人们的眼界，增强了他们的民族自信心和民族自豪感，对民族文化的复兴起到了一定的积极作用。

二、阿坝州藏族民俗旅游资源开发存在的问题

随着民俗旅游的开发，现代文明对传统文化的冲击，以及市场化导致原有民族物质边界的重大调整和弱化，当地的宗教、传统习俗、道德观念、生活方式等已经发生或者正在发生着重大改变，对当地优秀的传统民俗文化造成了一些负面影响，主要表现：

（一）过度开发使民俗旅游资源破坏严重

一些地方为了获取更多的经济利益，实行掠夺式开发，造成许多民俗文化资源严重破坏，一些少数民族传统文化在我们还未来得及认清其社会价值时就已消失、解体；很多民间习俗在现代文明冲击下逐渐消失；民族文化遗址和民族特色建筑遭受严重损害；一些民间艺术品和手工艺品为了迎合经济市场而大批量生产，成为机器制作的工艺品，完全丧失了其中所蕴涵的文化价值。

（二）民俗风情的商业化和庸俗化

在商业活动中，以现代艺术形式包装民俗文化，将其舞台化、程序化，是目前旅游开发的主要手段。这样的后果是使民俗文化失去了本来的乡土气息，淳朴的民俗被歪曲。甚至有些藏羌地区为了吸引游客，将迷信的、不健康的习俗加以渲染。

(三)虚伪民俗

虚伪民俗是指人们为了增加旅游商品,编造、添加、拼凑一些旅游地本不存在的民俗。伪民俗破坏了本民族特色,破坏了祖先的规矩。如,羌族的白石作为他们的崇拜神,必须放在屋顶或火塘上方,而不该为了招引游客而随意放置。

(四)民俗文化的同化

民俗文化的同化是指原有的民俗风情特征在内部和外部作用下,并为异地异族的民俗风情取而代之。阿坝州藏族地区的语言、建筑、服饰、饮食、节日等方面逐渐与时俱进化。汶川、理县、茂县等地藏族大多说汉语,穿现代服装,许多人口中哼的是流行歌曲。

(五)民俗文化价值观的退化

一个民族认同的文化价值观是该民族文化的核心。各民族尽管发展历程各异,但具有共同的价值观,如吃苦耐劳、热情好客、讲信用、重义不重利、忠诚朴实等。但随着民俗旅游的发展,这些优秀的价值观正在退化。某些地区居民在买卖过程中出现了一些坑蒙拐骗、敲诈勒索等不择手段追求金钱的情况,直接影响了当地的形象。

三、阿坝州藏族民俗旅游资源的保护

对于阿坝州藏族地区极为丰富,源远流长的民俗风情旅游资源,在现代化的进程中,正面临各种不同文化习俗的冲击。同时,民俗作为一种隐形的文化旅游资源，它不像实物型的资源那样不易被改动，而是在开发中很容易被篡改、损害，甚至其固有的文化内涵也可能会消解殆尽。所以，保护少数民族地区的优秀传统文化迫在眉睫。这需要加强立法，使地方有法可依；需要加强调查研究，确定需要保护的民俗文化内容；更需要研究保护的措施和有效方式。具体来讲，可以从以下几个方面予以保护：

（一）建立"阿坝州藏族生态保护区"，走民俗生态之路

独特的自然资源和人文资源是民俗文化存在和旅游开发的前提。要使民俗文化留存，就必须以生态环境的保护作为前提。藏族地区要走民俗生态之路，真正实现旅游业的可持续发展。这是一项关系到整个长江、黄河中下游地区社会经济发展和人民幸福快乐的大事。阿坝州藏族地区大量丰富的自然资源和厚重的民俗文化、民族风情旅游资源为其建立生态保护区提供了优势。可用生态博物馆的理念指导旅游开发，构建"阿坝州藏族生态保护区"，实现保护区、生态旅游与阿坝州藏族传统文化有机结合，并以此跨越工业化，实现民俗文化、生态与经济发展的良性互动。

（二）抢救性地保护一些濒临消亡的民俗事项

一些远古的民俗事项，在市场经济大潮的冲击下，正面临着消泯，而这些民俗事项本身具有珍贵的民族和文化价值。因此，我们要投入人力物力让这些事项不至于自生自灭。为了让优良传统文化继续保持下去，我们可采取适当的方式实施抢救性保护。

(1) 用文字、图片、录音、录像、摄像等影视记录方式将其制作成影像资料，并真实地记录下各种民俗事项。

(2)建立原始型的民俗村,保留传统民俗文化的"火种"。完整地保存或复原民俗村,这在相对偏远的藏族地区来说,是延缓传统民俗变异的重要举措之一。这方面我们可以借鉴国外成功经验,美国政府对文化传统保护极为重视,不仅所有重要的历史遗迹、遗址、遗物等均善加保护,甚至年代稍久、较为重要或稍有一点特色的建筑都纳入保护之列。

(3)文物部门加强对近代民族文物、民俗文物的保护,对濒临消失的民俗文化进行分阶段、有重点的抢救。在文物保护中,属于不可移动的古建筑、古碑等已列入各级文物保护单位,但近代的民族文物、民俗文物还未明确列入文物保护范围,正处于被毁坏或外流中。因此,文物部门应积极参与民俗文化抢救工程。同时,抢救优秀文化遗产是一项长期的工作,需要分清当前工作的主次。如当代被淘汰的工具、用具、服饰、民间戏剧、人生礼俗的仪式、某些宗教的经书、神偶等就应重点抢救。

阿坝州政府可以进行民俗风情旅游资源现状的调查,组织专家考察团,进行田野调查,真正感受和研究这些民俗事项的文化内涵,编印旅游点民俗志,确切记载民俗发展历程,让游客对已消亡的民俗或传统民俗有更深刻的理解。

(三)高品位地开发和利用民俗旅游资源

杜绝肆意亵渎和歪曲旅游地民俗风情旅游资源的现象,才能有效地保证独特的民俗文化得以发扬和保护。在阿坝州藏族地区,提倡和尽量做到民俗不俗,俗中带雅。要正确分析本地民俗资源的特色,结合本地和周边环境,有选择性地开发民俗旅游资源中的高尚部分，不要将一些落后的、愚昧的、低级趣味的东西暴露给游客看。

（四）深挖传统民俗文化内涵复原民俗事项

阿坝州藏族地区发展民俗旅游要坚持做到"存真俗，去伪俗；发展良俗，清除陋俗"，应该深刻了解本民族文化精华所在，清楚地认识到只有藏族地区的文化继承者才是藏族羌族民俗旅游开发的主人。应深入发掘其文化内涵，恢复与民俗事项相关的背景因素，坚持尊重历史的原则，考察当时的时代背景、风俗习惯、审美特征以及价值观等。

（五）采取相对封闭的措施保护

阿坝州藏族地区要保留自己的特色和优势，就应采取慎重态度，以相应的防范措施来阻止被外来文化同化和洋化。针对这一情况，当地可采用"民俗旅游民众办"的方式，即以地方习俗为主要旅游对象，当地群众参加经营的相对封闭性的措施。

（六）进行教育导向式保护

在教育方面，首先要培养藏族地区人民群众保护自己民俗文化遗产的自觉意识。教育他们将民俗看作文化遗产，让他们尝到这份宝贵的遗产带给他们巨大的、潜在的经济利益和各方面的利益，并让他们为自己拥有如此珍贵的传统文化而感到自豪，从而树立了群众的民族自尊心和自信心，更好地使他们树立保护自己民俗文化的自觉性。其次，对游客进行自然生态和文化生态教育。自然生态教育能让游客增强环保意识，文化生态教育能让游客消除对地方传统文化的歧视，尊重地方群众的民俗风情。在阿坝州藏族民俗集中景区可通过手册、导游以及在适当的地方设立警示牌等方式向游客展示并传递生态教育信息。

（七）加强监督保护工作

首先，政府需从法规和政策方面坚持宏观引导管理，防止商业资本对资源的透支性和破坏性开发。具体讲，阿坝州政府在中央大方针的指导下，制定和完善有利于民俗旅游资源保护的方针、政策，健全有关管理机构，严格执行各种法律法规。同时，加强旅游资源保护的技术研究。此外，社会媒体要考虑到保护民族地区独特的民俗文化，并加强对民族民俗资源的正确引导。民俗的传承与变异，受到社会控制系统的影响，社会控制系统通过法律、舆论等措施，引导和约束人们行为符合一定的社会道德规范，移风易俗，以达到维护社会秩序、治理国家的目的。社会媒体应积极教育、引导藏族地区广大群众，使全社会达成对民俗旅游资源保护的共识。

四、学校建议

通过调研学校向地方政府建议：在民俗旅游开展得如火如荼的时候，我们要认真地对阿坝州藏族地区民俗旅游资源进行审视，对其价值进行充分认识和发掘，在保护民俗旅游资源的基础上，才能开发利用它。同时，这也需要我们在尊重传统和事实的前提下，从宏观到微观，从"食、宿、行、游、购、娱"等旅游诸要素出发，科学地开发和保护，使阿坝州藏族地区民俗旅游资源在现代化进程中永葆生机。

第三节　阿坝州羌族民俗文化旅游资源调研

一、阿坝州羌族民俗文化旅游资源

阿坝州位于四川省西北部，紧邻成都平原，北部与青海、甘肃省相邻，是全国羌族唯一的聚居地，生活在这里的羌族人民地处边陲，偏远闭塞，在几千年的历史长河中，创造了具有世界意义和价值的文化以及具有浓郁民族特色和地域特色的习俗。这些习俗大多内容健康，格调高雅，形式多样。

阿坝州羌族地区民俗文化丰富多彩，主要表现在以下几个方面：

1. 传统建筑

传统建筑是民俗中最直观的东西，是各少数民族民俗文化的外在表象。羌族以其独特而精湛的建筑艺术著称于世。其中以碉楼、石砌庄房、索桥和栈道最为有名。碉楼：用石块、石片以稠米浆制的胶泥黏合砌成，通常有四角、六角、八角几种形式，可达十三四层，高至十余丈，经久不损。碉楼从功能上分，有用于警戒的"哨碉"和用于实战防御的"战碉"。至今阿坝州理县桃坪羌寨还保留三座石砌的碉楼。庄房：这是羌族人对自己住房的称呼，呈方形，一般人家都是五层楼高。第一层用于养家畜；第二层是"咪达屋"和居室，"眯达屋"就是羌家火塘，相当于汉族的厅堂，火塘上方为供祀；第三层是储藏"猪膘"腊肉的地方；第四层是堆放粮食、杂品的贮藏室；第五层是一个小平台和祭台，叫"若基格"，是供奉"阿爸木比塔"（白石神）和朝拜神灵的地方。屋顶是晒坝，用来晒粮食，同时也可供小孩玩耍。其中最古老、最神秘、最具羌族特色的是理县桃坪羌寨，被喻为是"神秘的东方古堡"。

2. 饮食习俗

"吃"是旅游活动六大要素之一。饮食被人们赋予审美、艺术、礼仪、禁忌等文化内涵。有民族特色的餐具和饮具及饮用的氛围和方式对旅游者较有吸引力。羌族喜欢喝自己酿成的咂酒，最有特色的是熏制的"腊猪膘"，也是馈赠客人的好礼。逢年过节全寨人聚在一起，燃起熊熊的篝火，喝着鲜美的咂酒，唱山歌，跳锅庄，气氛热闹非凡。

3. 岁时节俗

每个少数民族都有自己独特的民族节日，而民族节日大都集中众多的民俗事项，场面壮观，民族风情浓厚。羌族每年春天有转山会，秋收后的祭天会，六月初六的祭山会，再加上独具特色的每年农历十月一日的羌族年，人们在家制作各种姿态的小牛、小羊，用以祭祀祖先和天神。

4. 歌舞游艺

各民族的民间歌舞是其民族文化的具体表现形式。羌族是能歌善舞的民族。羌族人在漫长的历史长河中，用歌声赞美劳动，用舞蹈表现生活，素有"唱什么歌，就跳什么舞，有歌有酒必有舞，歌助酒兴群起舞"的传统习俗。萨朗舞是最活跃、奔放的一种。还有"跳盔甲""跳皮鼓"和"兰于寿"等。羌族伴奏乐器中，羌笛已有两千多年的历史，尤为著名。

5. 礼仪活动

新颖、独特、热情的迎客待客礼仪给旅游者鲜明的印象，并架起游人和东道主互相沟通的桥梁。羌族如有贵客来，还要鸣枪欢迎。进屋后，让客人坐于火塘上方，请喝咂酒，并为客人祝福。藏羌婚礼也很有特色，有特定的程序和各种规范。

6. 民族手工艺品

手工艺品典型地代表了传统民俗文化。羌族的刺绣是羌家传统的工艺美术品，绣工分挑花、绣花、纳花、盘花、刺绣等，是羌家姑娘的绝活，内容丰富，色彩鲜艳，精美异常。

二、影响阿坝州羌族民俗文化旅游资源发展的负面因素

阿坝州羌族地区拥有如此众多又美好的民俗文化，加上奇妙的自然景观和丰富的自然资源，使旅游者纷至沓来。民俗文化的经济价值使许多地方迅速实现了脱贫致富，并且由此拓宽了该地区人们的眼界，增强了他们的民族自信心和民族自豪感，对民族文化的复兴起到了一定的积极作用。

但随着民俗旅游的开发，现代文明对传统文化的冲击，以及市场化导致原有民族物质边界的重大调整和弱化，当地的宗教、

传统习俗、道德观念、生活方式等已经发生或者正在发生着重大改变，对当地优秀的传统民俗文化造成了一些负面影响，主要表现在：

1. 过度开发使民俗旅游资源破坏严重

一些地方为了获取更多的经济利益，实行掠夺式开发，造成许多民俗文化资源被严重破坏，一些少数民族传统文化在我们还未来得及认清其社会价值时就已消失、解体；很多民间习俗在现代文明冲击下逐渐消失；民族文化遗址和民族特色建筑遭受严重损害；一些民间艺术品和手工艺品为了迎合经济市场而大批量生产，成为机器制作的工艺品，完全丧失了其中所蕴涵的文化价值。

2. 民俗风情的商业化和庸俗化

在商业活动中，以现代艺术形式包装民俗文化，将其舞台化、程序化，是目前旅游开发的主要手段。这样的后果是使民俗文化失去了本来的乡土气息，淳朴的民俗被歪曲。

3. 虚伪民俗

虚伪民俗是指人们为了增加旅游商品，编造添加拼凑而旅游地不存在的民俗。伪民俗破坏了本民族特色，破坏了祖先的规矩。如，羌族的白石作为他们的崇拜神，必须放在屋顶或火塘上方，而不该为了招引游客而随意放置。

4. 民俗文化的同化

民俗文化的同化是指原有的民俗风情特征在内部和外部作用

下,并为异地异族的民俗风情取而代之。即"旅游一旦开发到哪里,哪里的传统面貌便会发生急剧的改变,从衣着、建筑到生活方式都迅速地与外来者趋同"。阿坝州羌族地区的语言、建筑、服饰、饮食、节日等方面逐渐与时俱进化。汶川、理县等地羌族大多说汉语,穿现代服装,许多人口中哼的是流行歌曲。羌族地区的民族传统文化正在消失。

5. 民俗文化价值观的退化

一个民族认同的文化价值观是该民族文化的核心。"价值观是一个社会或群体中的人们所共有的区分事物的好与坏、对与错、符合或违背人的愿望、可行与不可行的观念。它是一个文化系统构成的基因。一种价值系统可以构成一个民族的'文化精神'。"各民族尽管发展历程各异,但具有共同的价值观,如吃苦耐劳、热情好客、讲信用、重义不重利、忠诚朴实等。但随着民俗旅游的发展,这些优秀的价值观正在退化甚至消失。某些羌族地区居民在买卖过程中坑蒙拐骗、敲诈勒索等不择手段追求金钱的例子屡见不鲜,他们严重媚外或排外的情绪,直接影响了当地的形象。

三、学校建议

基于以上研究,学校向地方政府建议:阿坝州羌族地区源远流长的民俗风情旅游资源极为丰富,但是在现代化的进程中,正面临各种不同文化习俗的冲击。千姿百态、风情万种的民俗正走向趋同和消亡。同时,民俗作为一种隐形的文化旅游资源,它不像实物型的资源那样不易被改动,而是在开发中很容易被篡改、损害,甚至其固有的文化内涵也可能会消解殆尽。所以,保护阿坝州羌族地区的优秀传统民俗文化迫在眉睫。

第四章
提议成立湘鄂渝川黔五省市边区旅游人才联合培训中心

2012年1月应四川省旅游教育协会邀请，阿坝师范高等专科学校（阿坝师范学院前生）作为四川省边区旅游教育代表赴湖南长沙参加"湘鄂渝川黔五省市边区旅游人才培养发展大会"，阿坝师范高等专科学校（阿坝师范学院前生）向大会提议成立湘鄂渝川黔五省市边区旅游人才联合培训中心。

学校认为改革开放以来，特别是我国加入WTO，北京申办2008年奥运会和上海申办2010年世博会成功后，我国的旅游业尤其是入境旅游市场呈现出了一片欣欣向荣的景象，湖南、湖北、重庆、四川、贵州五省市旅游业也以其独特的优势得到快速发展。但与旅游产业飞速发展不相匹配的一个客观事实就是：较高素质的旅游从业人员匮乏，尤其是既掌握了较高的专业知识又具备较强的实际动手操作能力的旅游人才可谓"凤毛麟角"，这直接导致了五省市旅游业的发展缺乏后劲，在旅游市场的竞争中处于劣势，为解决这一制约五省市旅游业发展的瓶颈问题，许多高校都开设了与旅游相关的专业，但是由于教学与实践环节的脱节及就业观念的滞后,使得旅游专业的毕业生不能适应旅游业的发展需要,就业情况不甚理想,以致影响了五省市旅游业的发展水平。

第一节 湘鄂渝川黔五省边区旅游资源

一、世界遗产资源优势

自1987年世界遗产委员会第11届会议批准中国的故宫等6处遗产列入《世界遗产名录》以来,至2006年7月,中国已有33处文化遗址和自然景观列入《世界遗产名录》。其中处于五省市区域内拥有世界遗产8项(见表1)占中国世界遗产总量的24.24%。

表1

地域名称	批准时间	遗产种类
湖南武陵源国家级名胜区	1992.12	世界自然遗产
四川九寨沟国家级名胜区	1992.12	世界自然遗产
四川黄龙国家级名胜区	1992.12	世界自然遗产
湖北武当山古建筑群	1994.12	世界自然遗产
四川峨眉山-乐山风景名胜区	1996.12	世界文化与自然双重遗产
重庆大足石刻	1999.12	世界文化遗产
四川青城山和都江堰	2002.11	世界文化遗产
四川大熊猫栖息地	2006.07	世界文化遗产

二、五省市红色旅游资源优势

在中共中央办公厅、国务院办公厅印发的《2004—2010年全国红色旅游发展规划纲要》中规划了30条"红色旅游精品线路",其中五省市区域内的红色旅游线路有9条之多,占全国红色旅游线路的30%。本区域堪称"中国红色旅游之最",九条红色旅游线路如下:

韶山—宁乡—平江线。主要红色旅游景点有:湘潭市韶山市毛泽东故居和纪念馆,湘潭县彭德怀故居和纪念馆;长沙市宁乡县花明楼刘少奇故居和纪念馆,杨开慧故居和纪念馆;岳阳市平江县平江起义旧址。

贵阳—凯里—镇远—黎平—通道—桂林线。主要红色旅游景点有:贵阳市息烽集中营革命历史纪念馆,息烽县乌江景区;黔东南州黎平县黎平会议旧址;桂林市八路军驻桂林办事处旧址,兴安县界首镇红军长征突破湘江烈士纪念碑园。

贵阳—遵义—仁怀—赤水—泸州线。主要红色旅游景点有:贵阳市息烽集中营革命历史纪念馆,息烽县乌江景区;遵义市遵义会议会址。红花岗区红军山烈士陵园,汇川区和桐梓县娄山关景区,仁怀市红军四渡赤水纪念地,习水县黄皮涧战斗遗址,赤水市红军烈士陵园,西安红一军团纪念馆。

成都—松潘—若尔盖—迭部—宕昌—岷县—临夏—兰州线。主要红色旅游景点有:雪山草地,阿坝州松潘县红军碑园,若尔盖县巴西会议会址;甘南州迭部县腊子口战役遗址;陇南地区宕昌县哈达铺红军长征纪念馆;定西市"岷州会议"纪念馆;兰州市战关区八路军驻兰州办事处旧址。

成都—雅安—石棉—泸定—康定线。主要红色旅游景点有:雅安市宝兴县夹金山红军纪念碑,石棉县安顺场红军强渡大渡河纪念地；甘孜州泸定县泸定桥革命文物纪念馆。

昆明—会理—攀枝花—冕宁—西昌线。主要红色旅游景点有：昆明市"一二·一"四烈士墓及"一二·一"纪念馆，寻甸县红军长征柯渡纪念馆；凉山州会理县皎平渡红军渡江遗址、会理会议遗址，冕宁县彝海结盟遗址、红军长征纪念馆。

黄山—婺源—上饶—弋阳—武夷山线。主要红色旅游景点有：黄山市岩寺新四军军部及八省健儿会师地；上饶市上饶集中营革命烈士陵园，弋阳县方志敏故乡；南平市武夷山赤石，大安红色旅游景区。

重庆—广安—仪陇—巴中线。主要红色旅游景点有：重庆市红岩革命纪念馆，沙坪坝区歌乐山革命烈士陵园，开县刘伯承同志纪念馆，江津县聂荣臻元帅陈列馆，酉阳县赵世炎烈士故居；广安市邓小平故居和纪念馆，华蓥市华蓥山游击队遗址，仪陇县朱德故居纪念馆；巴中市通江县红四方面军总指挥部旧址纪念馆，川陕苏区红军烈士陵园，红军崖红军石刻标语。

张家界—桑植—永顺—吉首—铜仁线。主要红色旅游景点有：张家界市桑植县贺龙故居和纪念馆；湘西自治州永顺县湘鄂川黔革命根据地旧址；恩施自治州鹤峰县满山红纪念园；铜仁市周逸群故居。

三、少数民族地区独具特色的文化资源优势

五省市行政区域内除汉族之外主要分布着藏族、维吾尔族、苗族、彝族、布依族、侗族、瑶族、白族、土家族、傈僳族、水族、纳西族、羌族十三个少数民族，近年来，随着旅游业的发展，

各少数民族独具特色的文化资源吸引了广大游客的兴趣，显现出了它们独特的魅力。

随着旅游业的进一步的发展，各少数民族口耳相传的民间文学、神秘莫测的宗教文化异样的礼仪习俗、精彩的体育活动、丰富的节庆习俗、奇特的婚恋习俗、奇异的丧葬习俗、绚丽多姿的风格服侍；独具匠心的工艺美术、自然古朴的民族音乐、浑然天成的民居建筑；独具风味的民族美食、因地制宜的生产方式都已经成为吸引游客的旅游资源，必将为本民族地区经济建设的发展做出重要的贡献。

四、五省市具有丰富的生态旅游资源

生态旅游是一种正在迅速发展的新兴的旅游形式，也是当前旅游界的一个热门话题，在五省市边区，除了有 8 项世界自然遗产和文化遗产外，还有许多其他丰富的生态旅游资源。

在重庆，缙云山是全国自然保护区，该山气候温和，雨量充沛。空气清新，生态环境保护完好，有森林1300余公顷，有着丰富的植物资源，生长着1700多种亚热带植物。其中有猴欢喜、无刺冠梨、缙云琼楠、伯乐树、银杏、红豆和飞蛾树等珍稀植物，山中还有世界罕见的活化石树——水杉，此树是1.6亿年前即存在的古生物物种。

长江三峡是万里长江一段山水壮丽的大峡谷，为中国十大风景名胜之一。它西起重庆奉节县的白帝城，东至湖北宜昌市的南津关，由瞿塘峡、巫峡、西陵峡组成，全长193公里。它是长江风光的精华，神州山水的瑰宝，古往今来，闪烁着迷人的光彩。

长江三段峡谷中的大宁河、香溪、神农溪的神奇与古朴，使这驰名世界的山水画廊气象万千。三峡的一山一水、一景一物，无不如诗如画，并伴随着许多美丽和动人的传说。长江三峡，人杰地灵。它是中国古文化的发源地之一，著名的大溪文化在历史的长河中闪烁着奇光异彩。这里的大峡深谷，曾是三国古战场，是无数英雄豪杰用武之地；这儿有许多著名的名胜古迹：白帝城、黄陵、南津关等。它们同旖旎的山水风光交相辉映，名扬四海，是生态旅游的重要资源，特别是三峡工程竣工以后，自然之美与人工之力交相辉映，形成了更加美丽的奇观。

喀斯特地貌分为锥状、针状、塔状、天坑地缝等，分别以贵州、重庆、云南、广西等省市最具代表性。中国喀斯特发育的多轮回和地带性特点，形成了各具特色的、千姿百态的喀斯特地貌景观和巧夺天工的洞穴奇景，是中国重要的旅游资源。贵州省是世界喀斯特集中分布区中东亚片区的中心，也是中国喀斯特发育最重要的省区。专家认为，锥状喀斯特及其发育的喀斯特森林生态系统，具有世界意义的代表性，它不仅具有重要的研究价值，而且是重要的旅游资源。

第二节　五省市相对优势与存在问题

旅游业的发展，极大地推动了旅游人才教育事业的发展，除了国家办学力量之外，还有民办大学、成人教育等，这些院校旅游专业为五省市旅游行业培养了许多旅游管理及服务型专业人才。据不完全统计，2000年五省市开设旅游专业的院校仅有35所，在校生8022人；到2015年底，五省市开设旅游专业的院校233所，在校生17万人，其中高等专科学校5万人，高等职业学院12万人。目前五省市开设旅游专业的院校数量是2000年的6.6倍，而在校生数则是2000年的21.1倍。尽管如此，旅游专业人才，仍不能满足社会发展的需要，仍存在许多不适应社会发展的地方。

一、规模小，分散办学

由于很多院校本身办学实力不够，师资力量缺乏，教学经费严重不足，绝大多数办学规模小，使得培养出来的学生能力欠缺，不能适应用人单位的需要。

二、旅游人才培养（教育）与市场（产业）需求相脱节

不少院校开展旅游教育更多注重的是生存因素，考虑发展因素的少。许多旅游院校目标定位不明确，教学计划、课程设置缺乏针对性，培养出来的人才在知识结构、能力结构方面难以适应旅游行业相关岗位的任职要求。

三、教学方法单一

高校的学生必须具有一定的理论水平，这是毋庸置疑的，但实践与理论同样重要。很多教师由于是在学科本位下形成的知识

体系，所以当其站在讲台上时，很多情况下还是在重复自己上学时老师授课所采用的方法："重讲授，轻实践"。学生缺少课堂内外的锻炼机会，忽略了实际应用能力的培养以及旅游专业技能的培训，这就与高校教学特色不相符合，无法培养出既有专业知识，又有实践综合能力的应用型人才。

四、教师复合能力欠缺

作为旅游人才的培养工作者，除了应该具有教师的基本素质以外，还应具备一定的实践经验。在德国，从事职业培训的教师，除了要具有博士学位外，还必须有5年以上从事专业实际工作的经历。在五省市区域内，目前活跃在旅游培训战线上的主力军是高校的硕士、本科毕业生以及半路出家的教师，他们几乎都是一毕业就直接到培训中心工作，缺乏旅游岗位上的工作实习经历。

五、教学与专业实习脱节

实习对于在校的学生来讲是增强实践能力的一个非常重要的渠道。近年来，我国旅游业的发展促使中旅、国旅、中青旅、香格里拉、广州白天鹅等一批具有较强经济实力、较高知名度、美誉度、较新经营管理理念的旅游企业在激烈的市场竞争中脱颖而出，这些旅游企业也成了各大旅游专业院校争相抢夺的合作伙伴，但是这种合作更多时候只是停留在表面。双方各取所需，学校完成其教学计划中的实践课程要求，扩大知名度，提高招生入学率；旅游企业得到较廉价的劳动力，降低人力资源成本，至于学生所学专业知识和技能是否符合从业要求却很少过问。这就使得教学与实践生产脱节，在就业竞争中无法体现出旅游专业学生的优势。

第三节 为区域旅游发展提供人才和智力支持

针对目前这种旅游人才培养中的结构性失调状况，许多地方政府的旅游管理部门都组建了旅游培训中心，以期提高从业人员素质和促进本地旅游业的发展。目前五省市的旅游教育仍存在旅游人才建设与行业发展建设不相适应、旅游人才培养滞后于市场需求两大突出问题，为解决这两大难题，不必墨守成规，放开思路建立一个新型的适应市场需求的旅游人才联合培训中心，为湘鄂渝川黔五省边区旅游专业找出路，为区域旅游发展提供强有力的人才和智力支持。

一、成立湘鄂渝川黔五省边区旅游人才联合培训中心的紧迫性

目前，湘鄂渝川黔五省市旅游业处于"硬件设施建设超前、人才培养建设滞后"的不利景况，其旅游人才培养体现出"小、散、弱、差"的特点。这种人才培养状况，与五省市作为全国"旅游资源大区域"是不相匹配的，必将不利于湘鄂渝川黔五省边区旅游专业的生存和发展，影响到五省市旅游业未来的发展。

因此，应该针对五省市旅游人才培养存在的问题，以及五省市丰富的旅游资源，对原有的低水平，小规模分散的各型实习培

训进行整合。集中人力、物力、财力，在五省市边区旅游资源相对集中的地域建立一个相对独立、高起点、具有先进设备的、适应五省市旅游业发展需要的旅游人才联合培训中心显得势在必行。

建立联合培训中心必须注意获得五省教育主管部门及旅游管理部门的支持，必须与旅游企业建立亲密的协作伙伴关系，必须与各级各类旅游人才培养机构建立密切的联系，否则培训中心的业务开展将困难重重。

二、湘鄂渝川黔五省边区旅游人才联合培训中心的主要业务

目前，国内的诸多有浓厚旅游管理部门背景的旅游培训中心。它们大都是重视培训和管理而轻研究，即依据国家旅游行业管理法规，按照国家及有关旅游行业教育、培训考核的方针政策，贯彻落实《中国旅游业"十二五"人才规划纲要》，制定有五省市特色的旅游行业各类人员培训计划和考试实施方案，组织编写考试大纲和培训教材，在旅游管理部门的支持下开展各种培训业务。

湘鄂渝川黔五省边区旅游人才联合培训中心（以下简称为联合培训中心）是五省边区高校适应自身生存发展而成立的。与其他诸多旅游培训中心相比，联合培训中心有着外语、中文、历史、地理、生物等完善的学科支撑体系，有着独具特色的规范的教育培训经验和得天独厚的旅游资源优势。因此，联合培训中心的业务则应远远不止如此。

（一）开展多种旅游培训工作

第一，湘鄂渝川黔五省边区旅游专业学生职业实践技能培训。

这是联合培训中心最主要的任务。可以要求旅游专业学生在各高校经过两年左右的系统理论学习后在联合培训中心接受近乎实战的实践性培训，提升自己的从业能力和求职竞争力。力争通过这种培训，使毕业生一毕业就能上岗，成为旅游企业的工作熟手、能手、一把好手，从而从根本上解决高校旅游专业的出口问题。这就要求培训中心在选址上要注意满足旅游资源相对富集、门类丰富、具有典型性等条件。

第二，旅游从业人员培训。

其包括旅游企业员工的岗前培训；在岗员工持证上岗和考核发证及技术等级考核培训；旅游行业从业人员英语达标培训考核；导游员资格考试、等级考试的考前培训及导游员岗前培训、年审培训；旅行社经理旅游行业管理人员在岗培训；旅游饭店、旅游景区、旅行社各级管理人员岗位培训。

第三，旅游专业师资培训。

建立一支高素质的旅游培训师资队伍，是联合培训中心的一项重要任务。联合培训中心，不仅要很好地培训学生，还要能够很好地为自己培养真正懂得旅游行业的优秀的师资。

目前国内各旅游培训中心的教师素质问题相当突出，许多教师是由地理、管理、经济、外语，甚至地质等专业改行而来，旅游专业任课教师无论从专业理论和知识上，还是对旅游的认识和实践上都存在相当的差距。教师素质是培养人才的关键，要想培养出第一流的学员，就必须拥有第一流的教师队伍；要想造就高质量的旅游专业人才，就必须造就高素质的旅游专业师资队伍。

联合培训中心的研究人员和师资应包括来自五省边区旅游方面的学者、管理者，来自旅游管理部门的学者、管理者，来自旅游企业的管理者和一线优秀工作者，其他旅游培训机构的专家学者。这样，培养的人才才能更加适应旅游行业的真正需要。

（二）广泛开展旅游人才培养和旅游业发展相关的研究工作，为旅游业的持续稳定健康发展提供强有力的人才和智力支持

建立一支高素质的旅游研究队伍，也是联合培训中心的一项重要任务。

世界旅游组织教育理事会认为，旅游教育和研究已经变得比以往更加重要，因为旅游消费者的消费习惯正在发生改变并不断对已有的旅游服务提出质疑。旅游业正面临这样一种需求：更高的安全度、更多的选择、更高质量的服务、更高的满意度，而这种需求只能通过更好的培训才能得以满足。具体措施包括：同世界旅游组织成员国开展更加密切的合作，使他们能从旅游教育、培训和研究项目活动中获得最大的收益；在此基础上，建立旅游劳动力市场观测中心，为旅游教育培训和其他旅游人力资源管理问题提供指导等。

目前，我国的旅游业发展已经达到了一个山脊状态，如何继续健康发展？在此大背景下高校如何培养出适应旅游企业发展需求的旅游人才？这些都是需要密切关注和加以特别研究的课题。因此，联合培训中心不仅是湘鄂渝川黔五省边区旅游专业实训的联合，更是与旅游管理部门、旅游企业、国内外旅游研究和培训

机构的联合。旅游人才联合培训中心必须广泛开展旅游人才培养和旅游业发展相关的研究工作，为旅游业的持续、稳定、健康发展提供强有力的人才和智力支持。

（三）建立旅游人才服务中心平台，为五省边区旅游专业毕业生搭建一个优秀的就业和继续教育平台

联合培训中心培养的旅游人才，得想办法把他们推销出去，让他们学有所用、学以致用。旅游人才服务中心是用人单位、旅游企业、培养单位、五省边区高校四者之间最直接的沟通平台，这比坐在家里等别人挑选，显得更主动和有实效，能有效地缓解甚至于克服边区信息、交通等闭塞导致的学生求职困难。

学生毕业后，在任何需要学习的时候，或者是任何企业需要对其员工进行知识或能力更新的时候，联合培训中心将发挥出它继续教育的作用，给学员充充电，增强其业务能力和职场竞争力。

（四）配合旅游部门，进行旅游资源开发等投资开发服务，既可盈利又可为学生找到实习的工作岗位

打铁还得自身硬。联合培训中心还可以配合旅游部门，进行旅游资源开发等投资开发服务，建立几个典型的、示范性的、为培训中心学员实训服务的旅游企业，既可盈利又可为学生找到实习的工作岗位。这样可以避免学生实习所在旅游企业往往出于保护企业机密等诸多原因而不让学员接触某些核心工作的情况，保证学员能学到且学全真正的旅游从业技能。

第四节 联合培训中心具体构想

一、联合培训中心机构设置

适应产学研企一体化的需求,培训中心设教育培训部、旅游劳动力市场观测中心(旅游研究所)、旅游资源开发部(导游公司、人才服务部等实体)、后勤服务部(见图1)。

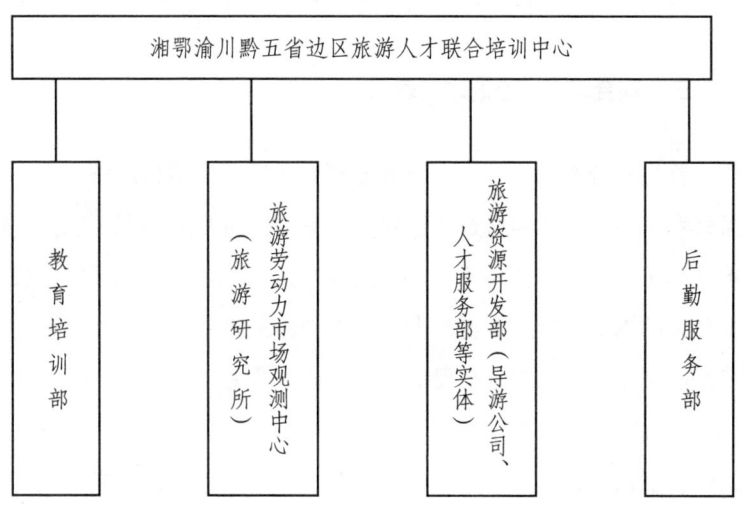

图 1

二、联合培训中心的目标

整合资源,优化组织结构。构筑新的功能平台,规范管理制度和工作流程,以形成教育培训、考试测评、人才交流、旅游服务"一条龙"的服务格局。构建湘鄂渝川黔五省旅游人才发展中心，立足湘鄂渝川黔五省辐射周边，影响全国。努力把联合培训中心打造成为湘鄂渝川黔五省乃至中西部地区的重要旅游人才基地。以服务企业、培训旅游人才和服务社会、提升产业素质为使命，以服务旅游行业为宗旨，培养跨世纪旅游人才为目标，创新旅游人才培养理念，按市场规律办学、按教育规律育人，为旅游企业培养一流人才。着力提高旅游从业人员的综合素质和就业能力，用诚信和质量倾力打造五省边区旅游职业教育培训品牌，为实现五省市旅游业的全面协调可持续发展，做出应有贡献。

三、联合培训中心的培训理念

首先联合培训中心人人都要更新对旅游的认识，必须从内心深处意识到培训的实质是培养旅游营销方面的人才，要让研究者、培训队伍和学员牢固树立旅游营销的观念，使他们真正明白：旅游是人的本能需求，旅游产业是制造快乐的产业，营销旅游就是打造区域品牌，品牌就是现代旅游的核心动力。

联合培训中心力求在"尽责任、尽师德、锻造旅游人才，创品牌、创效益、引领培训潮流"的观念指导下，牢固树立"以教学为基础，以技能培训为推动环节，以科研为发展导向"的大旅游教育观，按照产、学、研、企一体化的思路，构建教学——实训——科研一体化的开放式、拓展型旅游人才培养新模式；实行"企业化与院校式"结合的管理运作模式，配合旅游企业集团的组建，为旅游人才培养铺路架桥，密切院校与业界的联系，保证理论功底深厚、实践技能熟悉的旅游人才的来源与出路通畅；以合作办学、联合培养、教师互访、学术交流等方式，积极开展和加强国内横向合作，尽快实现教育理念和人才培养质量的接轨。

四、联合培训中心的其他特点

为此新建立的旅游培训中心与原有的教育培训模式和国内其他旅游培训中心相比较应具有以下特点：

改变以发展智力为中心的教育思想，树立智力与非智力协调发展的教育观念。

把旅游教育从以培养和发展受训学员的注意力、记忆力、观察力、思维力因素为中心，转到在发展智力因素的同时，注重培养和发展学员的兴趣、情感、意志和性格等非智力因素并使它们协调发展。在传授专业知识的同时，要帮助学员树立正确的世界观、人生观、价值观，同时要把专业思想教育、敬业爱业教育列为培训中心思想政治教育核心工作。

旅游人才培训中心的培养目标应该针对不同的受训学员，确保培养出具有良好的整体素质、合理的知识结构、宽广的视野，能适应旅游业各类工作，并具有开拓性、创造性和应变能力的复合型的中高级旅游管理人才。

要树立市场导向的办学理念，做到理论和实践并重。

坚持面向区域经济建设主战场，面向生产、服务与管理第一线设置专业，根据人才需求变化设置多个培训方向，招生对象可包括普通高中生和高职生，培训时间灵活，有脱产培训、半脱产培训、不脱产培训和业余时间培训，职前培训和在职培训等来满足不同人才市场的需求。

课程模式是实现人才培养目标的重要环节,包括课程内容体系和课程结构体系。旅游人才培训中心的课程设置,应体现现代教育综合化的特色,应超越我国传统的单纯"以课堂教学为中心,以知识为中心,以教师为中心"的固定模式,不断推出课堂教学课程与实践活动课程相结合、以科研探索为发展导向的课程设置体系。

以培养学生职业能力和综合素质为宗旨的培训计划及培养方案和培养适合生产、建设管理、服务第一线的应用型人才为主要目的的教育模式。

培训计划与培养方案的制定,必须及时了解旅游行业的基本情况,分析旅游职业岗位的实际需求与分布情况,确定旅游职业综合能力。旅游培训有自身的行业特点和目标,是基础教育与实践教育的统一,要着力于学员应用能力的培养,引入不同级别的国内乃至国际的职业技能资格证书,鼓励学员获取跨行业的职业技能证书,以适应学员择业谋职的需要。

在培养途径模式方面,要实行特色办学。培养途径模式是指人才培养过程中为完成特定培养目标或教学目标所采取的培养形式和创造的教学环境的总和。以培养适合生产、建设管理、服务第一线的应用型人才为主要目的的教育模式,是旅游人才培养最有效的、最基本的途径。加强实训室和实训基地建设,是旅游培训特色的关键。例如,员工培训要考虑以外语、法律、道德、礼仪、基本技能培训为重点,坚持户外活动为主、景点现场解说为主。

综上所述,学校向湘鄂渝川黔五省市边区旅游人才培养发展大会提议成立湘鄂渝川黔五省市边区旅游人才联合培训中心,该中心要突破传统的教育理念与机构设置框架的束缚,整合五省市内外各种旅游教育和人才培训优势资源,构建全能型、分类人才培养模式,打造五省市旅游管理专门人才培养"航母",逐渐提升五省市的旅游教育和人才培养的规模和档次,为湘鄂渝川黔五省边区旅游专业和区域旅游发展提供强有力的人才和智力支持。

第五章
高校课程设置探索

阿坝师范学院管理系旅游管理专业从创办伊始，就着眼四川旅游行业，把关注"职业岗位群"变化、"就业技能"和"工学结合人才"的培养模式放在突出的位置上来，结合旅游管理专业，从培养目标、专业设置、课程模式、实践教学、培养途径等方面进行了初步探索。尤其是把合理设置课程体系、优化课程开发作为突破口，把改善学生知识能力素质结构，满足预期实际就业岗位的要求作为目标而进行改革。

课程建设是旅游管理专业建设中的一项重要工程。课程设置是课程建设的精髓。在专业建设中，教材建设是基础，教学管理是保障，师资培养是保证，而课程设置的科学与否直接影响到以上几方面的实施方向和效果。学校深知，高职高专旅游管理专业人才的培养目前还处于不断摸索和总结的阶段，在办学经验、培养目标、课程建设等方面都存在许多不足。尤其在当今市场经济迅速发展的形势下，旅游管理专业的课程建设不断面临新的改革，如何使课程改革与时代合拍，是亟待解决的现实问题。因此，学校多次召开专业教研活动，老师们畅所欲言，对本专业的发展建言献策。实践证明,着眼于课程改革对于旅游管理专业的整体发展是非常迫切和必要的。

第一节 体现专业技能

目前,高职高专旅游管理专业学生毕业后主要从事旅行社、旅游景区、旅游咨询公司和旅游酒店等现代旅游企业的经营管理与服务工作,主要具体岗位如表2。

表2 旅游企业岗位需求表

旅游企业		岗 位
旅行社		导游员、计调员、外联员、旅游员、票务员、签证员
旅游景区景点		景区讲解员、市场营销人员、票务人员、策划人员
旅游饭店	前厅部	前厅接待员、问询员、收银员、订票员、外币兑换员
	客房部	客房服务员、客房管理员、楼层领班、仓储管理员
	餐厅部	餐厅预定员、引座员、领班、营销人员、咨询员

旅游企业对人才的需求,要求学校成为酒店和旅行社的岗前培训基地,将职业要求的基本知识和技能与行业发展的新知识和新技能整合为课程内容,培养出的学生能贴近职业岗位。

在课程改革时既涉及专业知识又涉及专业技能,在专业技能教学上提出"有技术没约束"的口号,在课程设置上突出专业知识课程与专业技能课程的紧密结合,使二者形成互补,以期制定出一套比较切合实际的课程计划。

根据社会调研及教研室开会研究,取消经济数学,增设计调实务等相关课程。调整后的技能实践课程由以下课程构成:计调实务、模拟导游与景点讲解、基础旅游实训、餐厅实训、客房实训、藏羌歌舞。

第二节 加强实践教学

阿坝师范学院管理系旅游管理专业的实践教学包括校内实训、校外顶岗见习、专业实习。

一、校内实训

实训的主要目的是通过校内实训课程的学习和课程外实训,掌握专业技能,提高业务能力。

实训课和课程外实训是实践教学的重要手段,实训成绩将作为学生职业能力考核和评价的重要指标。

实训课由教学系部在教学计划中统一安排,课外实训由学生实训小组自主安排,报各专业教研室备案。教研室负责人和实训课教师负责对学生课外实训的督查。

校内实训的具体内容:一是进行导游模拟实训,使学生掌握规范的导游服务、导游词讲解的技能技巧和带团程序与技巧。二是进行计调业务模拟实操,使学生掌握对内接待、安排旅游团,对外计划、协调、发团,广泛收集和了解不断变化的旅游市场信息及同行相关信息,修改、制定和完善行程及具体安排,对客报价的能力。三是进行前厅模拟实训,使学生掌握礼宾服务、前台预定、前台接待、问询、商务中心、大堂吧、外币兑换、收银工作的流程。四是进行客房模拟实训，使学生掌握客房迎接、中式做床、西式做床、客房整理等能力。五是进行餐饮服务模拟实训，使学生掌握餐厅迎送、轻托、重托、餐巾折花、摆台、斟酒、上菜、分菜等能力。

二、校外顶岗实习

顶岗实习的目的是使学生深入企业的第一线，通过岗位实习的方式掌握本专业主要岗位的生产流程、服务流程、技术流程和管理流程，了解企业的管理理念和模式，培养学生理论联系实际，综合运用所学知识解决实际问题的能力，树立良好的职业意识，增强敬业、创业精神。

毕业顶岗实习为学生毕业前的一次综合实践环节，属于必修课程。实习成绩不及格者不能取得该课程学分，不予毕业。

顶岗实习时间一般为3~6个月，采用系部统一安排和学生自主选择两种方式。

经过几年的努力，已与阿坝师范学院签订协议的校外实训基地有：上海闸北爱恩教育培训中心、上海丽晶大酒店、海悦花园酒店、九寨沟喜来登国际大酒店。充分有效地与校外实习基地合作进行顶岗实习，能够使校内实训和校外实习有机衔接，达到理论与实际相结合、校内课程与社会实践相结合的双结合模式。

三、专业见习

见习的主要目的是让学生通过进入企业生产、服务第一线观摩、学习，进而了解企业生产、服务流程和技能要求，为在校期间的能力锻炼和专业学习明确方向。

见习为学生在校学习期间综合实践教学的重要环节,学生的见习成绩或见习报告将作为各专业课程综合评分的重要依据。

见习分为体验见习和专业见习,体验见习安排在大一学习期间,时间根据各专业课程实践学时要求安排,一般不超过8个学时;专业见习原则上安排在假期,学生在校三年期间,至少应完成60个学时的专业见习任务。见习方式采用系部统一安排和学生自主选择两种方式。

将现有的6学分,分拆到各个学年,利用每一学年暑假时间安排学生参加社会实践,具体安排如表3。

表3　专业实习安排表

时间	项目	学分
第一学年	旅游景区景点、风景名胜区、主题公园认识实践	2分
第二学年	旅行社、旅游咨询公司、导游服务公司、旅游饭店实践	2分
第三学年	学生自行联系实习单位参加社会实践	2分

第三节　培养"双师型"教师

旅游管理专业是一门要求在教学中体现专业性和实践性结合的专业,任课老师除了应具备普通老师的职业道德、专业理论素养外,还应在教学中不断渗透专业思想,教授课外知识、技能、业务等。因此,在任课教师配备方面最好是"双师型"的教师[①],

---

① 汤利华. 高等旅游教育是什么[M]. 北京:中国旅游出版社,2013.

即既是旅游书本知识教师，又是具备较为全面系统的旅游服务知识与技能的专业教师。

按照培养高素质应用型人才的要求，加大师资队伍建设工作力度，力争经过五年努力，师生比保持1∶16；副高以上职称占40%，讲师以上职称占教师总数的50%；积极引进、聘用企业及社会上的专家和高级管理人员为我系兼职教师，使兼职教师达到专业课教师总数的30%；"双师型"教师比例力争达到75%以上；具有研究生学历的教师比例要达到85%，其中35岁以下的青年教师，具有研究生学历要达到90%以上；力争具有博士学位的教师达到20%；重点培养选拔学科专业带头人3-5人，培养4-6名骨干教师，通过参加省、厅、学校重点科研项目的研究，成为学术骨干和学科专业带头人后备人才。

为此在教师大会上，系部领导多次向全体老师提出希望，希望老师们多参加社会职业资格认证与培训，并要求老师们各自制定符合自身情况的教师职业生涯规划书。这样通过加强"双师型"教师的培养，不仅能优化旅游管理专业的教师队伍，也能更好地为学生提供正确的指引。

第四节　开设特色课程与考证课程

一、开设特色课程

学校地处全省最大的藏族羌族聚居区，区域内聚居着汉、藏、回、羌等各民族，拥有着丰富的少数民族资源。我们在向省内各兄弟院校学习的同时，发现各学校在专业课程设置上大同小异，相似性高。而作为专科类学校，理论知识不如本科，专业技能不如高职，本校培养的学生要想有特色，要想在社会竞争上有竞争力就必须走少数民族路线。为此，学校专门开设了专业特色课程："藏羌歌舞""藏族民俗与文化""羌族民俗与文化"。

二、开设考证课程

实践证明，学生就业与职业资格证的获取有很大的关系。根据教学中反映的实际情况，我们认为导游资格证、旅游从业资格证对学生的直接就业有很大帮助，为此根据导游资格证考试对专业课程设置进行调整，实施职业资格证书教育（见表4）。

表4 职业资格证考试科目与课程、学分对应一览表

资格证书	考试科目	调整后开设的课程	学分设置
导游资格证	导游实务	导游业务	3分
	导游基础	导游基础知识	3分
	汉语言文学	汉语言文学	2分
	政策法规	旅游政策法规	2分
	现场口试	模拟导游	6分
		旅游礼仪	2分
	加试外语科目	旅游英语	8分

第五节　改革考试评价体制

在平时学习时要积极营造良好的学习环境。环境的营造离不开教师与系部的积极参与。学校借鉴星光大道模式举办技能大赛，通过专业技能大赛，提高学生的学习兴趣，倡导阅读课外书籍，拓展知识面，提高专业技能，使学生保持浓厚的学习兴趣。大赛安排在每学年上期10月和11月举办两次，下期3月和4月底举办两次，分别评选出"月冠军""月亚军""月季军"，并在学年度下期五月举办总决赛，由每次"月赛"获奖选手参加角逐，进行总决赛，决出总冠军。每次月赛成绩均记入期末考试评价中。

在学校教学中，考试是无形的指挥棒。专业知识固然重要，而旅游管理专业学生在专业操作技能方面不突出的话，就不能称为合格的学生。为此，将考试方式分为笔试、口试、实操演示和实习作业等多种形式（这种考核形式尤其适用于导游业务、计调业务、客房实训、餐厅实训、基础旅游实训等实践操作型课程的考核）；重视实践环节的考核，将学生实习表现纳入考核之列，制定详细的考核标准（这种考核方式尤其适用于学生最后一学期到酒店或旅行社实习的最终考核）。

第六章
探索高校旅游类项目课程重构

　　随着旅游业的发展,各大高校也纷纷开设旅游管理专业。但在长期的发展过程中旅游管理专业教育也出现了一定的问题,其中最主要的体现是终端输出和社会需求之间的系统性偏差和结构性矛盾,培养的学生质量无法满足社会的实际需求。实际的教学是矛盾产生的主要原因,而最根本的原因是学科性课程模式与职业教育的培养目标并不匹配。而对于旅游类课程,由于其自身学科的原因,在实际的教学过程中课程模式的设置常常和最初的培养目标产生嫌隙,因此探索新的课程模式对旅游类教育显得尤为迫切。

第一节　国内外研究情况

　　美国教育家克伯屈最早对项目课程进行系统性的理论研究与实验。德国的行动导向职业教育课程在双元制模式基础上产生。美国布鲁姆教授创立了能力本位教学模式,是以培养职业能力为基础、胜任岗位要求为目标的一种教学模式。英国职业教育也以能力培养为重点，其宗旨主要是培养胜任岗位工作所要求的能力[①]。

近年来，我国的学者也对项目课程这种新的课程形式进行了一定的探索和研究，主要有：姜大源在宏观层面上对职业教育课程的本质特征、结构类型等方面进行了重点阐述和相关研究；石伟平、徐国庆提出，应以工作任务为中心，采取工作逻辑来开发课程体系，提倡项目课程；马成荣提出了具有职业教育特色的课程开发理念和技术方法[②]。

国内的研究主要是从宏观层面和纯理论角度展开的，在旅游类专业中较为多见的也是对旅游类单一课程的研究，比如宁波职院的毕蓉、戴士弘对外语类课程教学做项目化教学改革与设计；华东师大的邱晓红运用项目课程的相关理论知识，从分析旅游国际商务英语项目课程校本教材开发的背景入手进行研究。然而专门对于旅游类专业项目课程方面的理论与实践研究却相当少，其研究也不够深入，缺乏系统性。

第二节 高校旅游类项目课程内涵

所谓的项目课程就是指以工作任务为中心，选择、组织课程内容，并以完成工作任务为主要学习方式的课程模式。旅游项目

---

① 国家旅游局人事司. 中俄旅游教育论坛论文集2011[C]. 北京：旅游教育出版社，2012.
② [新西兰]克里斯·瑞安. 旅游科学研究方法：基于游客满意度的研究[M]. 李枚珍，译. 北京：旅游教育出版社，2012.

课程的主要包括三个方面的内涵：以工作任务为中心，以典型产品（或服务）为载体，以项目课程为主体[①]。旅游项目课程应当融理论于项目，并在课程体系中居主体地位。

旅游类专业的项目课程的设计与理工科类专业比起来更有难度。理工科类专业的项目课程与实际生产过程结合较紧，项目课程的设计可以直接参照实际的生产过程，比如机械制造类的项目课程，以生产工艺为主线，以各种典型零件的安装和使用为载体，将整个工艺流程作为项目课程内容序化的关键，这样就较好地通过进行工作任务分析来完成项目课程设计的问题。

而旅游类专业在各种不同的具体职业的工作任务分析中，以什么线索展开分析，主要取决于所选择的具体职业，而具体职业的不同导致逻辑线索千差万别。职业典型化之后的工作任务有的以其操作程序展开，有的以其工作对象或系统的结构为线索而展开，有的以其产品为逻辑线索而展开，这些都导致旅游类专业的旅游项目课程的设计和教学较难开展。

第三节　高校旅游类项目课程建设缺陷

由于受传统的课堂书本式的教学模式的影响，旅游类课程教学也存在较多的缺陷。

[①] 邱鸣. 中国旅游教育与教学法研究（2010）[M]. 北京：旅游教育出版社，2010.

一、旅游类教学内容、方式、评价机制有待改进

在教学内容上,过多地维护其系统性;在教学方式上,偏重于灌输式的教学方式,缺乏能够调动学生积极主动性的互动式、讨论式教学手段的运用;在教学效果的评价上,仍以卷面考试分数的来判断学生的综合素质,而专门具体考察学生的思维能力、表达能力等综合素质的相关测试评价机制尚未确立[①]。

二、旅游类学生缺乏实践能力和意识

旅游院校学生大多长期在校园中学习和生活,导致学生长期在一个固定的特定环境中重复着与书本的相处,与实际的社会生活接触很少,能够参与实践的机会和时间都相当有限,实践能力相当缺乏[②]。学生对知识的学习主要是基于被动的角色要求,而非主动探索实践式的学习,因此其对技术知识的具体实践应用缺乏敏感。另外,长期的灌输式教学,导致学生在意识上逐渐习惯了被动地接受知识、接受权威,不仅丧失了实践的能力,更严重的是逐渐丧失了实践的意识。

三、旅游类实训基地有待增加

实训基地的建设可以采取的方式有在校内建设模拟管理工作

---

① 邹统钎. 旅游学术思想流派[M]. 2 版. 天津:南开大学出版社,2013.
② 《中国旅游教育年度报告 2015》课题组. 中国旅游教育年度报告 2015[M]. 北京:旅游教育出版社,2015.

现场实际的实训基地，或者在计算机上进行管理工作现场的模拟仿真。由于前者的实际建设工作需要投入大量资金，后者在师资方面也需要较大的投入，而目前多数旅游院校力不从心，导致实际的实践教学常常虚有其表，其效果也大打折扣。目前比较通行的解决方案是加大校企联合共建力度，让学生在实训基地中，在实际的工作环境中进行实习锻炼。

四、旅游类专业培养目标的困难性

管理型人才是需要在企事业等各种社会组织的真实环境中经过多年的实践工作才能锻炼成熟的。旅游类专业的旅游教育，要在 2-3 年的时间实现培养目标是很困难的，即使在某个单项技能方面实现了培养的目标，也不足以达到用人单位对管理人才需求的一般水准。

第四节 高校旅游类项目课程重构方法

高校旅游类项目课程重构要以满足培养目标为核心，以提高能力为基础，以实践活动为切入点，具体可以采用下面几种重构方法。

一、明确培养目标，进行教学方向的构建

旅游类专业的旅游教育的培养目标是具备某一特定职业或特

定职业群所需要的综合职业能力的应用型、技能型人才，即特定性和实用性。特定性，要求的是教学必须与特定的行业、环境结合在一起，在整个教学过程中必须从始至终贯穿在一个大的现实背景下面进行，而不是在一个书本上假设的理想环境中进行教学[①]。实用性，强调的是能力本位，能力本位教育以全面分析职业角色活动为出发点，以提供产业社会岗位职责所需要的能力为基本原则，强调学员在学习过程中的主导地位，其核心是如何使学员具备从事某一职业所必需的实际能力。

二、以能力本位为基础，进行教学模式的构建

能力本位教育中的"能力"是指一种综合的职业能力，它包括四个方面：与本职相关的知识、态度、经验（活动的领域）、反馈（评价、评估的领域）[②]。四方面均达到才构成了一种"专项能力"，专项能力以一个学习模块的形式表现出来。若干专项能力又构成了一项"综合能力"，若干综合能力又构成某种"职业能力"。

三、以实践活动的设计为实施方案，进行多方主体的构建

1. 以行为素质为先导，进行教师行为主体的构建

在当前环境下，教师本身大多是在本科课程体系下培养起来

---

① 王美萍. 高等旅游教育教学质量研究论文集[C]. 北京：北京燕山出版社，2009.
② 保继刚. 旅游学纵横：学界五人对话录[M]. 北京：旅游教育出版社，2013.

的，其教学观念和教学方法都过于传统，因此建设一支既有较强实践能力又有较高教学水平的"行动型"教师队伍是旅游类项目课程重构的第一步。教师队伍的建设主要有两个途径，一是注重引进企业中有较强实践能力的人才加入到教师队伍或者进行兼职或者客串教学，二是加强已有教师队伍的建设。因为学校自身的教师队伍较为庞大，第二种途径将是学校进行教师队伍建设的重点。要使教师由理论教学者向职业实践者转变，就要把教师自身所具备的理论知识与典型的职业要求通过具体的实践活动有机地结合起来，学校要根据人才培养目标，定期安排教师到实际的各项生产第一线进行实践锻炼，使教师积累实训教学需要的技能和实践经验，尽可能使教师成为既是理论教学者，又是职业实践者。另外，教师综合素质也要加强，要打破教师传统的"单打独斗"状态，通过团队合作和关注其他专业领域，使其具有相关学科及跨学科的知识与技能。

2. 强调能力本位基础，进行课程结构和评价机制的主体构建

在旅游教育当中，要有效地培养职业能力，就必须按照企业中实际的工作结构构建职业教育的课程结构。项目课程应该是一种按照工作的相关性而不是知识的相关性组织内容的课程。课程设置之后，以什么样的手段来评价教学效果是保证课程的设置和教学的实施能够符合预定目标的重要监督措施，对教学效果的真正评价应不是简单地看结果，而应指向学生在项目课程实施的整个"过程"当中，包括学生具体参与了什么工作、发挥何种作用等，同时要注重对学生实践能力、创新精神的评价，对整体或局

部的教学系统进行全面考查和价值判断，才能够保证这些评价是针对的能力评价而非知识评价，保证教学的成果和反馈能够得到有效的验证。

3. 以校企合作为主要方式，进行教学教材的构建

能力本位的教学理念要求企业专家一定要参与课程开发。教学目标所需要的项目选取要建立在工作任务分析的基础上，课程内容的选择也要以职业能力分析为基础，面对这些分析工作，职业院校教师的认识是肤浅的，而企业专家则相当熟悉。企业专家的深度参与，保证了教学项目的选取，课程内容的设计将更加准确，除了在前期项目选取和课程内容设计环节的分析工作之外，在教材编写的环节，企业专家可对教材在实践环境当中所涉及的问题予以指出并提供可行性解决方案，以帮助教师对教学材料进行完善和补充。同时需要明确的是，企业专家发挥这些作用的前提是，需要有教师预先设计的问题框架为条件，以保证这些工作是在符合培养目标和教学目标的基础下开展的。在旅游类项目课程开发中，学校教师应当承担主要任务，企业专家不可能承担课程开发中大量的教材编写工作，也缺乏课程编制的经验，因此课程开发中大量的文本编辑工作应该由教师完成。

4. 以信息技术为基础，进行教学手段主体的构建

旅游类专业的旅游项目课程利用信息技术进行教学主要有两种方式，一种是利用信息技术进行多媒体教学，另一种是利用计算机模拟部分不能进行现场实践的工作环境。利用多媒体教学将使教学方式更加直观化、便捷化，使教授的内容便于理解和接受，

整个的工作流程可以在多媒体教学环境下完整地展现在学生面前,也可以让学生主动开展学习。信息技术的发展为教学工作的开展提供了更多的选择,学校和教师都要学会利用信息技术进行教学手段主体的构建。

第七章
引入新媒体参与高校旅游教学

第一节 新媒体对高校旅游教学的影响

一、改变了旅游教学的信息渠道

教学内容的创新一直是教学改革的重要的内容。随着新媒体时代的到来,当前高校教学活动均会应用到新媒体技术,而新媒体技术所带来的传播方式以及信息渠道正是现代教学改革所要需求的。这是因为新媒体技术背景下,信息量极其丰富,信息发布形式也呈现出多样化,这些是当前旅游教学教师基本需求的,因此,教学教师在获取教学信息的时候会首选多媒体技术。传统的媒体活动主要通过杂志、报纸以及广播等传播信息,当旅游教师获取教学信息时会消耗大量的时间与精力,且易在获取信息的过程中形成定式思维,不利于教学的发展。另外,新媒体技术可以综合多种信息形式,如视频、图片、文字以及动画等,使得信息接受者获得前所未有的立体信息资源,这不仅有利于教师不断丰富教学内容,而且还有利于提高旅游课堂受教育者消化信息的效率。此外，在新媒体技术背景下，新媒体的传播方式促进了教师与学生之间的交流与沟通，有益于教师不断完善教学信息以及改革教学内容。

二、改变了旅游教学整体运行方式

旅游教学改革活动中，会对传统的教学模式以及教学方式进行改革与创新，因此，教学模式的创新是教学改革的重要体现。在新媒体技术背景下，旅游教学模式的改革活动可以从新媒体技术信息传播过程中获取相关资料，从而为旅游教学模式的改革方向提供多项选择[①]。第一，多媒体技术的出现使得传统的教学方式得以改革，在旅游教学活动中，多媒体技术的应用不仅提高了学生们的学习兴趣，而且还有利于提高整体教学水平与效率。第二，新媒体技术的出现还有效实现了实践教学活动的目的，使得学生们能够在多媒体技术背景提供的情景感下更好地掌握教学教材中的理论、难重点知识，从而大大提高了他们的学习成绩。第三，新媒体技术的应用使得旅游教学的空间以及时间得以有效延伸，通过借助多媒体技术下的网上作业、资源共享以及虚拟社区等应用而丰富学生们的学习视野，并且不同程度上满足了学生们的个性化需求，从而使得整体教学效率以及教学质量得以提升。

三、改变了学生的学习习惯

在新媒体技术时代到来前，学生的学习仅仅来源于教材课本，

---

① 陈建斌.广东特色旅游教育与旅游目的地竞争力研究[M].广州：中山大学出版社，2016.

使得学生们的学习视野存在局限性，不利于他们主观能动性以及综合素质能力的提高。而在新媒体技术背景下，学生的学习可以通过网上作业以及资源共享而实现了，另外，3G 手机、4G 手机等的广泛应用，使得微博、微信等传播媒介应运而生，使得学生们可随时随地通过手机媒介而获得教学服务，并且可以应用网络搜索功能来获得相关信息，由此以解决其学习过程中遇到的问题。在新媒体技术背景下，学生们的学习形式以及学习渠道得到有效拓展与丰富，在很大程度上打破了学生们储备知识与掌握知识时的局限性壁垒。

此外，新媒体技术的出现使得学生们的课堂主体地位得以显著提升，会依据自身的学习兴趣通过多媒体技术而获取相关知识与信息，而此过程中，学生们的思辨能力以及学习自主性得以有效提高。然而，多媒体技术下所传播的数据与信息具有海量性特点，学生们仅仅依据自身喜好而获得的零散信息是很难形成系统性的知识体系的，并且单一的网络学习方式并不利于学生们知识信息的储备，也不利于其综合素质能力的提高。因此，在旅游教学活动中除了坚持部分传统内容，还需要结合当下多媒体技术，从而充分发挥多媒体技术，实现旅游教学的改革。

四、改变了旅游教师与学生之间的互动关系

在传统的教学活动中，教师与学生之间的互动只停留于"面对面"，而随着多媒体时代的到来，学生们与教学教师之间可以借助 QQ、微博、微信等媒体介质而实现互动的目的，这使得教师与学生之间的彼此认知更加全面化，使得学生们所见到的教师不再

是讲台上的呆板形象，而是情感饱满、性格丰富且真实的可爱师长。另外，教师可以借助这些媒体介质了解各位学生的个性特点，从而为教学模式以及教学方式的实施提供有力依据，由此指导学生全面发展。此外，在多媒体互动平台上，学生与专业教师均建立起平等的互动关系，使得学生们的自我意识逐渐建立，由此有效培养了学生们的主观能动性。

第二节 新媒体背景下高校旅游教学危机

一、需要转变传统育人理念

在新媒体技术背景下，所有参与者均是传播的主体。因此，在高校旅游专业教学活动中，每个教学环节均是建立在平等、开放的基础上开展的，不仅要尊重学生们的主体地位，使得学生们能够从新媒体所传播的信息中获得相关理论知识以及增强专业技能，尤其是其自我意识的培养，而且还需要提高学生们的自我意识水平，促进学生全面发展。另外，高校旅游专业教学活动的开展需要发挥出教学教师的主导地位作用，由此帮助学生们更好地掌握旅游专业理论知识以及专业技能，并且还能够有效调整自身与学生的学习状态。

二、需要创新教学模式

随着新媒体技术的到来，传统的教学模式已不能够有效满足高校旅游教学活动开展的需求，在教学活动中，新媒体技术得到了广泛应用，不仅有效激发学生们的学习兴趣，而且还有利于提高学生们的学习主动性。例如：教师可以借助多媒体技术的网络布置作业的功能来实现与学生们互动，让学生们用口述的方式介绍某个旅游景点并在网络上提交作业，这种教学方式有利于教师及时了解学生们的学习情况，更好地控制班级所有学生们的学习差异性，从而进行有针对性的跟踪辅导。

第三节 新媒体环境下的高校旅游教学改革

一、将高校旅游专业教学与新媒体技术相结合

将高校旅游专业教学与新媒体技术相结合，能够使得旅游教学改革走在最前端。另外，高校旅游专业学校可以在新媒体技术条件背景下设计相关研究项目，从而针对新媒体技术应用于旅游专业教学的规律进行研究，由此为高校旅游专业教学改革提供相应的理论指导[1]。此外，高校旅游教学可以通过新媒体技术而获得相关旅游专业信息资源，并且实时关注当今旅游行业以及旅游市场人才需求标准，由此对当前的旅游专业教学内容以及教学模式进行改革与调整，从而使所培养出来的学生能够满足旅游市场人才需求标准。

---

[1] 李文明. 生态旅游环境教育[M]. 北京：中国林业出版社，2010.

二、利用新媒体优势而创新本校旅游教学模式

高校旅游教学活动的开展可以借助多媒体的动画、视频以及声音等功能而为学生们呈现直观性强的教学内容,由此有效地培养学生们的旅游审美能力。同时,教学教师也可以通过借助新媒体技术而为学生们提供实践性教学服务,使得学生们在虚拟的现实情境中培养其专业技能,由此促进其全面发展而适应旅游市场人才需求发展。例如:在校内安排学生进行旅游实习,通过对学校一草一木、一花一景的介绍,在锻炼自身专业能力的同时培养综合能力。

第八章
阿坝师范学院导游教学定位

阿坝师范学院坐落于汶川县水磨镇。水磨古镇位于岷江支流寿溪河畔,早在商代就享有"长寿之乡"的美誉,时称"老人村",后更名为"水磨",沿用至今。水磨镇既是汉族和少数民族的交融区,在灾后重建中又被赋予了厚重的南粤新元素,内地风情和藏羌文化交相辉映,西蜀人文和禅佛文化联袂绽放。随着4A级景区的成功申报及主流媒体的宣传报道,游客大量涌入,带动了水磨羌城导游讲解业的发展。水磨镇急需既了解羌族历史文化又具备实操能力的高素质导游人才。

为此,阿坝师范学院管理系旅游管理专业立足于专业特点,调整教学模式、修改培养目标,结合"世界汶川 水磨桃源"文化特色制定新的教学组织方式,将水磨绚丽多姿的民族文化与深厚的地域文化融入到教学中。

在"世界汶川 水磨桃源"的大环境下,阿坝师范学院管理系旅游管理专业的导游教学可充分利用水磨羌城绚丽多姿的羌族文化与深厚的地域文化特色优势,改变传统教育方式方法,立足导游专业特点,抓住"世界汶川 水磨桃源"理念精髓,开展既特殊又灵活的导游教学，实现理论知识与实操能力的完美融合。

第一节　发展特色专业教学

羌族，自称尔玛，是中国西南的一个古老民族，在三千年的漫长历史岁月中其瑰丽的民族文化不断积淀和延续。近年来，随着汶川水磨旅游业的发展，羌城绚丽的民族风光被更多的人所了解并迷恋。震后四川旅游市场掀起汶川旅游热，对旅游从业人员也有了新的要求。

阿坝师范学院管理系旅游管理专业教学应立足导游专业特点，加强专业实践教学，结合绚丽多姿的羌族文化与深厚的地域文化开展特色教学。特色教学要客观了解旅游市场对"世界汶川水磨桃源"的需求及游客对讲解员的需求，为此，教师应对课程有深层次的认识，科学合理地组织教学方法，在教学过程中调动学生的积极参与性，加强实践环节。

立足导游专业特点，发展特色教学还应在教学环境上营造浓厚的民族文化艺术氛围；在硬件建设上应建设模拟导游与景点讲解实训室；应在水磨羌城唯一旅游企业——中大公司水磨分公司建立实习基地。将羌城特色、水磨地域性特征融入到基础教学中，通过实习基地实习来提升学生的专业能力与个性化教学。在课程内容中增加民族文化知识，与导游讲解实践联系在一起。加强学生对地域文化的了解，弘扬羌族非物质文化遗产，服务于"世界汶川　水磨桃源"的建设。

第二节 实施"一体两翼"人才培养模式

学会创造是大学生学习的最高目标,大学生需要充分发挥积极性、主动性、创造性。面向未来的能力创造型人才应该具有完整的创新知识体系,博与专得到很好的结合;具有将消息转化为信息的思维能力,感知敏锐;锐意进取,善于解决问题,注重自身能力培养的社会活动家特征等[①]。为此,需不断更新教与学的观念以适应时代的要求。在这方面,阿坝师范学院管理系明确办学目标是培养高级实用型人才,体现在能力的培养上,是通过"一体两翼"的培养模式来实现。

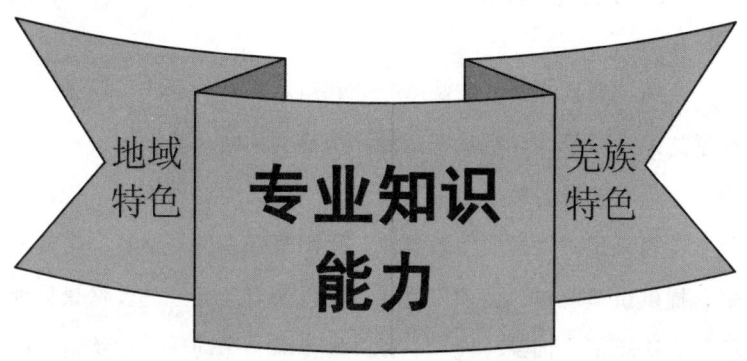

图 2 "一体两翼"人才培养模式

---

① 中国旅游协会旅游教育分会. 旅游职业教育研究与探索:2009[M]. 北京:旅游教育出版社,2009.

"一体两翼"的"一体"是指专业知识和能力,包括了学习能力、思维能力、专业技术能力和创业能力,"两翼"是地域特色和羌族特色。要达到"一体两翼"的要求就要善于创连性学习,掌握素质教育的学习方式;发挥个人与专业优势,打造核心竞争力;拥有一专多能的知识与能力素质,能通过两翼助长一体等。同时"一体"跟"两翼"是密不可分的,融合在一起才能有亮点突出。

"一体两翼"的能力培养模式符合阿坝师范学院管理系旅游管理专业培养高级实用型人才和能力创造型人才的要求。

第三节 "情景式"与"双轨制"教学整体发展

一、"情景式"教学

所谓"情景式"教学法即充分利用形象,创设典型场景,激起学生的学习情绪,把认知活动和情感活动结合起来的一种教学模式。成功的导游教学既要有理论的支撑又要有环境的衬托,在教学中可采用"情景式"教学法,运用情景、凭借情景、带情入景,提供讲解题材,留情以物迁,讲以情发。通过创设情景再现场景,进行语言训练。比如:设计一个情一个动作,训练讲一段情景中景点概况的对话,再结合教材、图片设计场景,围绕一个景点进行讲解训练实现与游客对话的情景再现。

在"情景式"教学中教师起主导作用,通过大量的情景为学生营造情景性的语言场景和实践环境,能培养学生理解、表达和沟通能力、解决问题能力。在教学的交互过程中，**教师**和学生通过多方面、深层次交流，促进教与学整体发展。

二、"双轨制"教学

多年的教学实践证明，在导游教学中加强对学生综合素质的培养与技能的训练非常重要。导游讲解是一门实用性艺术，要求导游员具备深厚的人文修养和丰富的知识结构，**不仅强调讲解的规范性，还要以实用性为前提**。这就要求**在课程设置上立足导游专业特点，加强专业实践教学，发展特色专业教学**。在人才培养方向，教学任务和内容上应与社会对导游**的具体需求**相适应，在理论课与实践课的比例搭配上应灵活

教学上采用"双轨制"教学，实践任务大于**理论任务的课程**中可由实践能力强并且曾在旅游企业挂职**锻炼的教师**担任，主要负责传授学生带团技巧、操作方式等技术知识；理论任务大于实践任务的课程可由专职学院派教师担任，主要负责学生的人文素养、行业情况等理论知识。

在导游教学中不仅要借助旅游学概论、导游概论和旅游经济学等理论性课程解决学生对知识的理解与掌握问题，还要依靠商务沟通、导游实务和模拟导游与景点讲解等课程来解决带团过程中可能发生的问题。学生由曾在旅游企业挂职锻炼的教师和专职学院派教师两类老师的教授，能够扎实掌握导游专业应有的教学内容，并且毕业后能很快适应社会需求。

第四节 开展双语教学

经济的全球化，旅游的涉外性，使外语的能力重要性变得越来越重要。21世纪，市场需要的旅游人才，将转化为不仅具有良好的专业知识架构，同时更具有较良好的语言基础和跨文化交流能力的新型双语人才。双语教学在地方普通高校旅游管理专业中的实践，有着重要的理论和现实意义。

旅游业是一个实践性很强的服务性行业，由于学校办学的深入发展和汶川水磨国际旅游接待的需要，双语教学显的势在必行。水磨羌城的发展，迫切地需要更多的能为外国游客提供他们所需服务的高素质人才，这就要求阿坝州导游教学中必须引入双语教学模式。对于地处水磨古镇的高校来说，笔者认为在"世界汶川 水磨桃源"大的背景下，开展双语教学，再充分利用有关旅游企业、实习实训基地、拓宽学生的语言演练环境，必将实现双语教学的培养目标。

一、双语教学紧迫性

阿坝师范学院学生具有很强的"平民性"即生源英语基础普遍偏低，绝大多数学生来自于英语教育比较薄弱的农村地区。如果不加区别地统一地在教学中开展双语教学，不仅难以达到效果，而且很可能引起学生的逆反心理。笔者认为如果在一些理论性较强的课程，如导游学概论、旅游经济学、旅游管理学及导游基础知识等学科中开展双语教学，难以达到效果；但是，在一些实践性较强的如导游实务、导游服务礼仪、餐饮服务等课程中，率先实施双语教学是比较可行的。

鉴于以上的界定，阿坝师范学院旅游管理专业的双语教学选择保持型双语教学的模式，首先打好学生的英语功底，在一到两年的大学英语学习的基础上，有计划地开展专业英语教育，然后在专业培养计划中选定几门学科进行保持型双语教学，在实践和探索中采取以保持式双语教学为主，辅以实践教学的模式来导入双语教学的教学模式。具体来讲就是在一、二年级英语基础课程学完以后，在大三时选定几门实践性较强的课程开展双语教学，再充分利用有关旅游企业、实习实训基地、社会培训机构等形成的大旅游教育环境，拓宽学生的语言演练环境，进而充分实现双语教学的培养目标。

二、双语教学模式实践

学校选取"导游业务"作为实验学科，除了因为这是专业主干课，课程实践性较强，有较好的语言氛围，比较容易激发学生双语学习的兴趣外，还在于阿坝州依托九寨沟、黄龙风景区丰富的旅游资源，每年吸引了大量的国际旅游者，许多学生在国际旅游接待中，语言演练环境逼真，凸现了双语教学的学科应用性。

教师依据"导游业务"课程教学内容的相关性和独立性把实践类课程分为为基础篇、实务篇、技能篇、常识篇四个大模块，每一个大的模块又可以分为若干个小模块。除了第一篇基础理论性外，其他三篇均有较强的实践性。在双语教学的具体实施的过程中，可以根据不同的内容，采用不同层次的双语教学模式。基础篇的"主题式"教学又可分为导游员、导游服务质量管理、导游资格获取等小的模块。导游业务是典型的实践课程，因为社会制度的不同，不同的国家在导游管理体制方面有着不同的规定。因国外没有相关的教材，我们就以朱华编的《英语导游实务教程》(普通高等教育十二五国家级规划教材)为参考，另以网络下载的一些英文资料作为补充。在这一部分的学习中，应采用主题的模式，提前告知学生一些专业术语和专业词汇，帮助同学们了解其他国家导游的管理模式，以汲取精华，嘱咐学生搞好课前的预习，提前告知学生下次课的主题是什么，有哪些关键词需要提前准备。在课上围绕相关主题进行讨论，分析不同国家在具体操作上的差异，以达到提高学生外语水平、掌握学科知识的初级目标。

三、实践环节的"情景式"教学

成功的双语教学既要有语言理论的支撑又要有语言环境的衬托，双语课程的目的在于培养学生以英语为媒介来理解、表达与沟通专业知识的能力。在实践教学环节中，适宜采用"情景式"和多媒体教学，并在讲解中通过大量的视听辅助教学手段营造情景性、功能性的语言场景和实践环境，培养学生在旅游实践中应用外语解决问题的能力。教师在"情景式"双语教学模式中起着主导作用，学生应该是"情景式"双语教学模式中的主体。从实践教学活动开始到结束这一整个过程中，都要求教师和学生的多方面、深层次交流，从而协作解决实际问题。以"导游带团技能"为例，在这一级模块下又可分为导游语言技能、导游组织技能、导游的个性化服务等几个二级模块，每一个二级模块又可以分为几个小模块。以导游语言技能为例，进行双语教学的实践。

四、双语教学课程的考核方式

对于这些实践类课程的双语教学，对其可以采取灵活多样的考试形式，改革传统教学考核平时成绩占30%，期末成绩70%的模式，注重平时的课堂表现，提高其在总评中的比重。为考查学生的综合能力，在考核中增加口试的比重，采取笔试和口试相结合的方式。同时跟学校的学分制相结合，提高双语课程的学分，以此来鼓励学生的学习积极性，提高他们的语言表达能力、思维水平及对知识的掌握能力。

双语教学是对传统语言教学和专业教学的挑战，将双语教学导入旅游管理专业的教育是解决旅游行业语言人才和专业人才合二为一的有效途径，选择恰当的教学模式是一个很重要的环节。阿坝师范学院旅游管理专业的双语教学还属于起步阶段，还有许多方面需要我们去实践，我们应根据自身条件不断探索，创建适合自身特色的双语教学模式，保证双语教学培养目标的实现。

第九章
推进导游口试教育

旅游管理专业在校学生毕业后想要从事导游职业，想要跨入导游人员的大门，导游资格考试是第一步。国家旅游局颁布的《导游人员管理条例》规定，导游资格考试分为笔试和口试两部分，笔试通过闭卷作答形式对导游基础知识、导游实务、政策法规、汉语言文学进行考察；口试通过考生现场模拟的形式进行景点讲解、途中讲解，是对讲解能力、语言表达、仪表礼仪的综合考察。

导游口试是导游资格考试的重要组成部分，是通过短短的五六分钟讲解，对考生实践导游讲解能力的综合测试。旅游管理专业学生在考前应以自创导游词为基础，千锤百炼将讲解词牢记于心，在考试中临场发挥，运用适当的讲解方法，通过自己的口头语言讲出对景点知识的理解，用讲解词说服、征服考官，取得高分，顺利通过导游口试。

阿坝师范学院旅游管理专业的在校学生理论水平较高，准备笔试较容易。大部分感觉难以应付的是口试，而每年的导游资格考试口试也成为在校学生顺利通过导游资格考试最大的拦路虎。

第一节 导游口试概况

导游资格考试口试，是运用说话能力和现场表现能力传递对旅游资源文化信息的所知、所解、所识，并展示综合能力的现场考试。

口试是一种经验和信息的传承和检验。它既要考生满足考官的好奇，激发考官的热情，引发考官的联想；又要在取悦考官的同时，弘扬地方文化和民族文化并扩展新的文化信息。口试是对一个从业人员全面性的综合性测试。从站立行的姿态到谈吐，从仪表、音质、语速、表情，到一颦一笑、一举一动，都在与考官互动沟通。

在考试过程中，考官评判的虽然只是有声语言和语言所表达的内容，但评委同样会受到无声的肢体语言、眼神语言、表情肌肉语言、着装等修饰语言的影响。在口试过程中，有声语言除了其悦耳成分、有无内容、内容有无信息储量、信息的价值大不大外，其价值的呈现方式有无逻辑、感染力强不强，也都属于口试的考核评估范畴。

所以，导游资格考试口试的应试，就是调动一切有声的、有形的物质，给考官展示一个由此及彼的审美联想过程，达到"考""评"互动沟通的平衡统一。因此，要求我们学生的言行举止符合仪表的规范性、语言的通俗性、选点的准确性、内容的趣味性、信息的新颖性、技能的多样性和把握考试氛围的连贯性。

第二节　合格率低的原因

一、缺乏带团经历，讲解不熟悉

旅游管理专业在校学生与社会考生比较而言，最大的劣势便是缺乏带团经历，或者过去从来没有担当过出头露面的角色，也没有过做公众人物的心路历程或类似经历。

因缺乏经验，不少在校学生在口试过程中，对所选择的导游讲解，基本是单一地集中在一点，缺乏广泛的背景文化信息支撑，一旦跳出白纸黑字的讲稿，就完全失去复述支持能力，在讲解中出现内容不够深入，泛泛而谈，甚至将年代、人名等讲错的情况。

二、抄袭导游词、死记硬背、讲解技巧性不强

导游口试是对考生功力的测试，具体方法要求以点带面、以点概全，展现既能聚焦浓缩，又能扩散延展的新颖的讲解主题，独特的讲解内容和别开生面的讲解技能。

在导游口试前期准备过程中，很多学生选择通过网络复制、粘贴别人的导游词，根本没有理解导游词，而是照本宣科、死记硬背。在讲解方法上，导游口试要求考生至少运用 5 种以上讲解方式方法，但在校学生由于实际带团经验的不足，在应试过程中

产生紧张情绪，完全机械式背诵导游词，没有辅以恰当的体态动作和表情，在应试中运用讲解方法的方面没有达到评分细则所规定的要求。

三、应试过程中产生心理障碍

考试中，考生是被动的，但凡是考试就没有不紧张的气氛。对于导游口试而言，很多考生面对专业评委老师会不由自主地心生胆怯。考生的心理问题的造成，普遍缘于以下几点的缺陷和不足：

第一，性格缺陷或经历缺陷；第二，对所选择讲题，采用的是机械背诵方式，而不是采用理解式、宣讲式的方法；第三，考生对自己所选择的讲题，缺乏空间认识，没有临场体验。

由于在应试过程中产生心理障碍，在考试中往往所表现出来的便是神情呆板、两眼上翻、卡壳、倒带，这都是对白纸黑字的记忆进行搜索时紧张、忘词的表现，必将直接导致在口试过程中扣分。

四、忽视口试礼貌礼仪

在导游口试过程中，部分学生忽视考试礼貌礼仪，有失导游着装自然大方、文雅端庄的要求。有的学生服饰搭配不当，比如男性上穿运动服，下穿皮鞋或者凉鞋；女性上穿吊带，下穿裙子甚至超短裤、超短裙。有的学生则佩戴过多首饰、浓妆艳抹。个人形象不得体，表情不自然，体态不大方，这些都不符合导游人员礼仪礼貌规范,导致在考试过程中非正常丢分。

第三节 提高合格率的方法

旅游管理专业学生由于缺乏带团经历,对讲解不熟悉,在准备过程中大量地抄袭导游词、死记硬背,在应试过程中产生心理障碍,导致导游口试通过率低。针对以上问题,可以重点关注以下几点来提高通过率:

一、自创导游词是基础

凡是抄袭式的导游词,几乎90%逃不脱紧张、忘词然后失措、无助的命运。导游词创作是一种学习、积累到准备充分的过程。这种准备,从心理上、知识上、语言上、要点把握上都要做到。创造导游词,一是拜师学艺,二是求友挑剔。实践证明,过去几年的导游口试中,凡是以自创导游词应考的考生合格率要远远比以背诵网络抄袭来的导游词应考的考生高得多。

二、听觉冲击至关重要

进入口试现场,考生将对考官产生视觉与听觉两种冲击。在产生第一印象的时候,视觉冲击是压倒性的,即占总体印象的九成;但听觉冲击在随后的过程中,将会起到颠覆性的作用。因此,

导游口试最应当注重的还针对听觉冲击的训练。听觉的冲击能力包含以下几个方面:

1. 流畅度

流畅在听觉冲击中所占比重至少高达七成。一篇流畅的讲解词,首先要起到悦耳动听的作用。它能使思维保持连贯性,同时避免了考官的种种猜疑。考生只有讲自己想讲的话,才能够避免由于不熟悉造成的虎头蛇尾、无序、紊乱、结巴、倒带的情况发生,才能够做到真正的流畅。所以,这是现场表现和发挥的一个重要方面。

2. 感染力

所谓感染力,就是要求考生在讲解的时候声情并茂。在考试过程中,考官更注重一个考生整体的协调感,即讲解词内容与考生的表情、眼神、手势都属于一种协调的自然流露,在这种基础上的艺术加工,是对现场把握能力强的一种表现。反之,机械刻板的讲解内容,如果再辅以生硬的手势、做作的表情、心虚的眼神,所表现出来的状况就不是声情并茂,而是神情呆板了。这将会大大地影响哪怕是一篇非常经典的导游词的传递。

3. 吸引力

导游口试的吸引力表现在:一方面是服饰与仪表、气质搭配得当,一方面是音质、语速与讲解内容匹配,再一方面是注重运用讲解方法和讲解技巧。做到以上三个方面,还仅仅是一个基础,最为重要的是，讲解的主题要选择好，题材有厚度，挖掘有深度，特别要强调的是，要在短短的 5 分钟内抓住评委，用讲解词说服、征服考官，让考官愿意听，乃至不由自主地倾听。

三、会说话是导游的生命

1. 语言

导游语言要口语化。口语化就是日常对话，是白话中的大白话、上口、中听、有亲和力。切忌用诗一般的语言抒情，导游词的字、词、句要求加强信息、充实内容，反对过度修辞。导游语言有"忌"，最大的忌讳就是堆砌辞藻。堆砌辞藻的语言既拗口，听着也不容易消化。因为口头语言是没有储存空间的，一说出去就应该直到对方心里。只要有内容、有主题，越简单的白话效果越好，这叫白话不白，废话不废。

2. 语音

音质是语言是否具有感染力的一个硬件。好导游天生具备良好的音质。缺乏这种天赋的应考人员应通过练声、把握气息来弥补先天不足。男声浑厚如钟、女声清丽如铃，会使语言本身附着一种魔力而产生奇好的收听效果。

3. 语调

语调，就是说话的腔调。从严格定义上说，语调应表述为：整句话和整句话中某个语言片断在语音上的抑扬顿挫，包括全句或句中某一片断的声音的高低变化，说话的快慢以及轻重等。在导游口试中，语调往往比语义能传递更多的信息，能对考官的心理产生极其微妙的特殊作用，因此也更为重要。

4. 语速

在导游口试中，语速要张弛，如攀爬泰山口诀"紧十八、慢十八、不紧不慢又十八"，节奏应处于有变化的过程中，反对那些四平八稳的、一成不变的、平均每秒钟达到精确吐词3个的语速。反过来说，某一段平均每秒钟可吐5个字，而某一段一秒钟就一个字，几乎一字一顿，这样，评委才不会因疲乏和烦躁而睡着。

四、口试礼仪不可小视

口试礼仪是指参加导游口试的应考人员在应考全过程中合乎规范的全部行为。导游职业决定了担任这种角色的公众形象，所以，导游应该是主流社会伦理道德所普遍能接受的礼貌礼仪。

参加导游口试的同学一定要注意：进入考室前一定要先整理好服装及心情，面带笑容，进入考场，先向各位考官问好，行恰到好处的鞠躬礼，提交考试材料和相关手续时需双手呈递，然后退到距离评委两米左右的位置，眼神与考官缓平对视，询问是否可以开始，征得同意后，进行正常的讲解。

五、临场发挥熟能生巧

1. 熟记要点

一场口试就是一段完整的对话。开篇、中间、结尾，这是结构上的三个要点；一篇好的讲解词，内容最关键，要展现景点丰富性的内容可能是三个层面，或者四个层面。在对每一个层面的展开中，第一个层面上可能需要把握两处关键词，第二个层面上需要把握三处关键词，而第三个层面上可能只需要把握一处关键词。这样，即使是临场发挥上出现了漏、跑，照样可以临阵不乱，临危不惧，在实践上和空间上保证自己稳操胜券。

2. 千锤百炼

很多学生往往把一篇导游词背了二三十遍就觉得万事大吉，其实大谬不然。带着这样应景心理的学生，没有在任何一个正式的场合接受过哪怕一次的考验，一旦环境改变，心理紧张，脑中一片空白，立马方寸大乱。所以，口试中要脱口而出，一是要"百炼"，二是要让家人、朋友来"千锤"，或者到景区去毛遂自荐，先磕磕巴巴去给游客当几回免费实习导游，到脸不红，心不跳，虚汗不再冒为止。

3. 流畅为要

导游口试的诀窍在于，忘词了还是要讲，先讲讲得出来的，讲一讲的就把漏的东西又捡回来，讲得好的学生一气呵成，讲不好的学生停停跑跑。俗话说："讲得好不好，就看倒不倒"，考官从来不会挑剔你应该先讲什么、后讲什么，如果你离开了稿子的先后顺序就不能将稿子进行到底，说明你的能力还不如一支录音笔。

第四节　区分途中导游与景点导游

途中导游与景点导游在导游口试中，根据各自在导游具体工作中的任务、使命差异，有着较大的不同。

一、特点不同

（一）途中模拟导游的特点是动态模拟讲解

途中导游的模拟空间为旅游车内，模拟场景为行进途中。

考生在任意一条旅游线路中截取最熟悉的、具有一定文化积淀的 3 至 4 千米路段，并在这个路段中按旅游车正常行驶时间 4 至 5 分钟内，提炼一个合乎所经地点的模拟讲解主题，通过对这个聚焦点的扩散讲解（深度），或用多个具有内在联系的节点聚焦到一个文化主题（广度），表现在考生对该路段和该线路途中讲解的熟悉、把握程度（厚度）。它从形式上和内容上有以下几个要求：

1. 讲解要有明确的移动性

考生随机点出途经的地名，并讲解揭示与这个地名有关联的信息。

2. 讲解要有明确的目的性

每一个途经点的信息是多方面的，应挖掘与"本次"旅游目的地有关的背景信息（杜绝景区直观、直接的信息）。

3. 交代性

交代该路段所涉及地域的关联背景信息与旅游线路的内在关联，交代"点"与"线"的关系。

(二) 景点讲解的特点是静态讲解

静态讲解模拟的空间为一个景区，场景为一个具体的景点，要求考生相对稳定地站在这个看得见、摸得着的固定景点前，以直观景点的某一个具体对象作为讲解对象，如：一块匾、一副对联、一个字、一尊像、一潭水、一座鼎，或一座殿、一棵树、一方碑，乃至一棵草……讲解过程中，讲解内容自始至终围绕这个固定"点"进行深度讲解。具体要求是，以挖掘一个点的深度和建树这个点的高度来反映这个点的厚度。

静态讲解的要求：

(1) 该点主题明确

(2) 讲解固定在一个点位

(3) 讲解过程自始至终没有移动。讲解由表及里、由浅入深，形成讲解的深度、高度和厚度。

二、形式要求不同

途中导游与景点讲解无论在表达形态还是表述内容上都有截然不同的区别，两者至少在考试中绝不能混为一谈，这既是考试科目，也是将来的工作方法，有利于形成考生对导游工作方法的理性认识。

（一）景点导游的形式要求

（1）讲解空间相对静止（不移动，对一个点深度解析）。

（2）讲解主题以小见大、以点带面（反映出景点与景区的关系）。

（3）讲解内容相对独立。要以一个具体看得见、摸得着的固定景点为讲解对象，如七曲山大庙中的"关帝庙"这样一个静止的小点，或如武侯祠内"三绝碑"，或如蒙顶山景区的"麒麟石"，也就是要为讲解词内容的展开找一个固定、稳定的落脚点。以杜甫草堂为例，不能既讲"大廨"又同时讲解"诗史堂"或甚至将"柴门""工部祠"一并拖泥带水地混为一谈。

（二）途中导游的形式要求

与景点讲解不同，途中导游是指行进于途中时，导游对汽车车窗外道路两旁所经过地区的某一个透视点，就其历史文化背景信息进行的模拟讲解介绍，要求通过可视、可感的机点，对该点、该区作发散式、辐射式的背景信息揭示。讲解特点为随机取点，也即见什么讲什么，或揭示文化背景。途中导游特别强调途中导游的考试与实际运用的高度统一，即：

（1）随机取点。

（2）抵达旅游景点前的概况性讲解。

（3）专题式讲解。

一篇好的途中导游词必须善于运用导游方法。好的导游方法先声夺人，让人须臾不能掉以轻心。一般而言，途中导游讲解的选材点最常见的是途经某个城市。比如松潘古城就是一个典型例子。途经松潘，可从"松州"两个字切入，也可以从城门洞或城墙切入，还可以从文成公主和松赞干布的雕像切入，更可从唐蕃古道或茶马古道切入，凡此等等，不一而足。但最好不要从松潘的建造历史或建城史切入，选择的切入点要与你突出的重点或主题关联较大，才便于转入重点。语境转换要凭借景点的某一部分，不能"海空凭鱼跃，天高任鸟飞"。

第十章
创新改革教育方式方法

经过三十多年的发展，旅游业已经成为我国最具活力的重要产业，我国正从旅游大国向旅游强国发展。蓬勃发展中的旅游业需要大批高素质人才。尽管每年都有大量的毕业生从学校输送到旅游业，但远远不能满足行业对高素质人才的需求。传统的办学理念，与市场脱节的人才培养模式是制约高素质人才培养的关键原因。旅游业是四川省六大支柱产业之一，极需要适应行业发展的新型的多元化应用型人才。

第一节 创新人才培养模式建设

旅游行业强劲的发展势头、新的发展趋势以及对其他产业的综合带动效应等特点对应用型人才的培养提出了更迫切的需求。旅游管理专业应继续深化探索"多元化应用型人才的培养模式"，构建适应"多元化应用型人才"培养的多样化的培养方案。

1. 必修主模式+选修辅模式

针对传统的旅游管理专业人才培养方案模块较单一的不足，在新的人才培养模式中采用必修主模式+选修辅模式的方式来培养多元化应用型人才。必修主模式即将提升当代大学生基本素质的课程以及与所学专业相关的基础理论课程设置为必修课，以满足行业的一般性需求。选修辅模式包括设置公共选修、专业方向选修、主辅修制实施高层次课程教学等，由学生根据自身特长、就业方向等进行选修，以满足行业对专门型人才的需求。

2. 分层课程设置

分层次设置课程：实现因材施教、分类教学和个性化教学，从而构建分层次教学课程体系。

（1）创意应用型。

通过强化与旅游项目策划、景区规划、旅游产品设计等相关的教学与实践环节，培养旅游产业急需的创意型应用人才。

（2）复合应用型。

第一类：旅游与酒店专业的复合。引入系列酒店管理专业核心课程，让学生能够对旅游和酒店企业的相关业务进行了解，并向学生提供了各五星级酒店、酒店管理公司等实习的机会，加强其实践的能力。

第二类：旅游行业中的复合。设置导游与旅行社管理、景区规划与管理和旅游市场营销管理与策划三个专业方向，分别拟定专业方向的核心课程，而学生可以在三个专业方向中交叉选修适合自己专长和就业的课程，由此达到"复合型人才"的培养要求和目标。

第三类：文理渗透，跨行业复合型。如旅游地产方向，其核心课程为："旅游地产概论""旅游地产策划与营运""旅游地产政策与法规""旅游地产开发与经营管理""城市旅游学""度假区开发与管理"等。

（3）技能应用型。

其课程设置突出对操作技能的培训，增加实践课学时数，要求所有课程必须设计实践教学内容指导方案。实务类课程的实践教学学时数占到该课程总教学学时数的70%以上。

3. 修订完善新的培养方案

多元化应用型人才培养方案的制定过程中，为了让人才培养更加的系统化，为了更能反映行业的需求变化，为了更好地做到培养的人才不要与行业脱节，拟通过以下方式来完成新的培养方案的修订完善：

（1）全面听取其他院校专家的意见；

（2）积极采纳行业人士的建议；

（3）认真听取实习学生的反馈；

（4）旅游管理系教学团队的走访、探讨。

希望通过多种方式，尤其是将行业专家引入到人才培养模式的改革中来，培养真正满足企业需求的，并能适应行业发展变化的多元化应用型人才。

第二节　实践教学体系改革建设

旅游管理专业建设应重视实践教学环节，强化能力培养，实施分层次能力培养目标，即公共技术基础能力、职业基础技能和专业上岗技能三种能力的综合培养；实施"校内—校外"相结合的实践教学体系。

1. "校内"

（1）加强实训室建设。

进一步完善和深化现有实验室的建设，提升硬件，引进更多的实用软件以此提高实验室的有效利用率。没有相关软件可以使用的则应该充分利用校外实训基地进行现场教学；其次在现有的基础上，积极开拓新的、实用的、行业需求的实验室的建设。

（2）完善并继续引进企业进驻校园。

对现有的进驻校园的企业继续加强合作，提供好的合作平台，也为学生提供实实在在的校内实践基地。在不断累积经验的同时积极地尽可能多地引进其他旅游相关行业进驻校园，这对加强应用型学生的培养百利而无一害。

2. "校外"——创新实践中心

（1）旅游管理专业发展需要积极地开展校企合作，探索并建立有效的校企、校地合作模式。如果能与多家旅行社和旅游景区建立合作关系，将使其成为学生的校外实训基地，通过多种校企合作模式实现人才的多元化培养。

（2）响应创新创业的号召，在条件允许的情况下，创新实践中心。可采用"虚拟公司"运营模式，教师和学生共同参与，立足旅游产业热门领域，提供旅游规划、景区管理、会展管理、旅行社管理等服务,其目标是培养教师和学生的实践能力、开拓创新精神、团队协作精神和职业规范,实现同旅游业所需人才的无缝对接。

（3）充分利用国际交流平台,积极加强旅游管理专业学生积极加强与国外学校的交流合作,通过交换生、带薪实习、留学等形式扩大学生的国际视野为学生提供更多的了解行业最前沿情况的机会,提供更好的实践平台。

第三节　实施"平行四边形"教学组织方式

我国高校在旅游管理专业的教学实践中,虽然经历了较短的发展历史,却积累了丰富的教学经验。但是社会、经济、科技和学科的迅速发展,东西方制度文化背景差异的冲击,给旅游管理类专业的教学提出许多新课题、新问题。这些新课题、新问题迫使我们在专业教学上进行改革,以求得生机。

所谓"平行四边形"教学组织方式,即管理理论与实践联系构成第一条边、综合管理与职能管理联系构成第二条边、国际化与本土化联系构成第三条边、知识与能力和素质联系构成第四条边。四条边互相平行、各自独立,却融为一体形成平行四边形,四条边完美的为旅游管理专业教学服务。具体构想如下：

一、管理理论与实践联系

旅游管理本身就是一种实践活动,它伴随着人类的历史而产生和发展，实践性是旅游管理的重要特征，也是旅游管理的灵魂。在管理理论从古典的科学管理到现代的人本管理发展过程中，管理实践一直为管理理论研究提供丰富的素材，并验证管理理论的正确性。

现有旅游管理类专业的教学重理论、轻实践，理论课程明显过多，实务课程偏少。大多数院校开设的旅游管理类专业课程中，纯理论型课程如"管理学原理""西方经济学"等课程所占比重很大，这对于旅游管理类专业来说，无可厚非，但是，一些旅游管理实务的课程如"商务谈判""市场调查"等在实际教学过程中，也往往是理论讲得比实务多，甚至当作理论课程来讲授。这一现象的背后有其客观原因和历史原因，现有的大多数旅游管理类专业教师虽然具有较高的学历和深厚的理论功底，擅长理论教学，但由于他们绝大多数没有经历过具体的旅游管理工作，因而缺乏实践经验和实务教学的基础。从另一方面看，也有主观认识上的原因，不少人认为，高等院校旅游管理类专业培养的是高层次旅游管理人才，而高层次人才理所当然要有较高的理论水平，以致把对实际工作能力的培养放在很次要的位置。

二、综合管理与职能管理联系

目前，高等院校旅游管理类专业的专业理论教学，基本上是按照旅游企业的职能被分解为财务、生产、营销、人力资源等课程进行讲授。这样做的优点是可以体现出某一领域理论体系的完整性，研究对象明确，易于讲授，但是，其弊端也越来越明显。

首先，忽视了各职能管理理论之间固有的有机联系，学生可以较好地掌握某一个专业管理领域中的知识，却难以从整体上系统地把握管理知识体系，从而造成"只见树木，不见森林"的现象。其次，与旅游企业对管理人才的现实要求差距较大，旅游企业经营管理活动中的具体问题，甚至是某一职能部门的问题，常常需要把各种管理手段、不同领域的知识进行综合，加以解决。这种传统的教学组织方式带来的缺陷，已经引起旅游管理教育界的关注，国外不少管理院校为了消除这些弊端，进行各种有益的尝试。譬如，美国著名的沃顿商学院从1992年开始就打破课程中各学科、各课程之间条块分割、自搞一套、各自为政的离散状态，推出了"整合式教学"，即按照整体和综合的观念，对课程进行重整，把各种不同目标的课程组合成一个具有整体功能的教学系统，以合作的方式进行教学。

三、国际化与本土化联系

在经济全球化的大趋势下，特别是我国加入世界贸易组织以后，跨国公司纷纷涌入国内市场，旅游管理人才的国际化步伐也将随之进一步加快。这就要求我国旅游管理人才的培养要与国际标准接轨，在培养规格、教学内容、教学模式、师资队伍、学生来源和对外交流协作等方面逐步实现国际化。

目前，国内高等院校推行的旅游管理教育国际化主要表现在两个方面：一是课程内容的国际化，对于一些受制度文化等外部环境因素的影响较小、国际通用性和可比性强的职能型管理课程，如会计、财务管理、生产与运作管理、市场营销等，直接引进先进的、能反映学科发展前沿的国外原版教材；二是教学语言的国际化，采用外语或双语教学，培养学生的国际交流能力。

另外，我们所培养的旅游管理人才必须适应我国旅游企业的实际需要。我国旅游企业的经营管理活动与中国特定的政治经济体制环境息息相关，几千年积淀下来的中国传统文化思想，在人们头脑中已经根深蒂固。因此，旅游管理类专业教育还必须扎根于中国的政治和文化土壤，实现中国化，在引进、借鉴的基础上，进行消化吸收，形成有中国特色的旅游管理课程。

四、知识与能力和素质联系

我国高校的旅游管理类专业教育，普遍注重知识尤其是理论知识的传授，而忽视基本能力和素质的培养。旅游企业管理人员的工作，不同于工程技术人员的工作，管理人员主要与人打交道，需要具备一定的组织、协调和沟通能力，其任务就是将人、财、物等资源合理地配置起来，以实现旅游企业的局部或整体目标。管理既是一门科学，又是一种艺术。现实当中的旅游企业管理问题带有很大的随机性、不确定性和复杂性，既没有现成的答案，也无固定的模式可循，如果仅仅依靠书本上的理论知识，那是很难解决的。问题的最后解决，除了需要管理人员掌握丰富的经济、管理和法律方面的知识以外，还要掌握从书本中学不到的技巧，具备良好的旅游企业管理能力和素质。

因此，对于旅游管理类专业的教学，仅仅向学生传授知识是远远不够的,还要不断地训练学生的实际操作能力、个人意志力、经受挫折能力、创新能力和合作能力,培养学生解决旅游企业管理问题所应具备的基本能力和基本素质。

第四节 专业实训课改革

专业实训课是目前我国大专院校以培养适合生产服务管理第一线的应用型人才为主要目的的实践性教学环节之一,也是旅游业应用型人才培养最有效的、最基本的途径。通过短期的实训,学生将进一步了解社会对旅游专业的需求状况,加强对社会主义现代化建设的责任感与使命感,并且做到理论与实践相结合。通过校内外实训,学生将会进一步加深对所学专业理论知识的理解,进一步了解旅行社和景点,主题公园及各大宾馆酒店的一般面貌和常规工作运行过程,积累专业感性认识;可以训练学生专业操作技能.提高学生分析和解决实际问题的能力,为以后就业打下良好基础。

专业实训课是旅游管理专业开设的实践教学体系中的核心课程,学生可通过亲身接触旅行社和旅游景点,主题公园及各大宾馆酒店,获得实践经验;同时,在实训中可以了解到有关的旅游知识,不仅开阔了视野,且拓展了知识面;实训学生在参与社会实践的同时对我校也能够起到良好的宣传作用。

随着我国社会主义市场经济建设的不断发展,以及我国加入世贸组织.国内旅游业也必将加快其服务水平和管理水平与国际水准接轨的步伐,为了适应新形势下旅游业对人才的需求变化,为了获得毕业实习和将来从事专业工作所必备的"实战"技能;为了更好地促进学生对专业实训的学习,积极主动地投身于专业实训。努力掌握和提高专业实践技能,实现毕业与就业零距离的目标。旅游管理专业实训课改革势在必行。

一、旅游管理专业实训课教学存在的问题

专业实训课的教学目标应该适应旅游人才市场需求。专业实训课的教学内容,首先要比较全面地覆盖旅游业的有关各个岗位,其次要突出各岗位所要求毕业生具备的基本劳动技能。目前,专业实训课教学中存在下列情况:重客房铺床、餐厅摆台、烹调基本功,轻服务模拟接待、设备保洁训练、模拟厨房管理;重操作训练,轻素质培养;考核内容不合理.考核项目不完整.教学重点不适应旅游市场人才需求的变化,亟待进行改革。具体表现在以下方面:

1. 理论与实践脱节

在旅游管理专业实训课中,由于存在着理论与实践之和相辅相成的关系,所以旅游管理专业的学生,不仅应该能够模拟餐厅服务、模拟客房服务、模拟导游服务等有关的服务知识,而且在校练就的服务技能还应高于旅游业现行的服务水准。但是,与此紧密相关的旅游教育部门的教学计划和教学方式却基本未变,理论与实践联系不紧密。特别是实训课教学,缺乏科学理论指导,不能适应旅游人才市场的需求变化。

2. 重操作训练，轻素质培养

我国旅游业进军国际旅游市场，首先要有一支具备国际服务素养的员工队伍，旅游教育行业责无旁贷首先要为此做出自己的贡献。其实，国际旅游市场并不要求旅游管理专业的学生一定要具备一流的操作技术，但却要求他们从观念上接受国际旅游业的服务规范和管理思想：具备良好的服务意识、专业理论素养和职业道德，具备无量的培养前途。但是，目前旅游管理专业的实训课"重操作训练．轻素质培养"的倾向却不是个别的现象，是需要尽快解决的问题。

3. 实训课教学目标跟不上新形势

旅游专业在新形势下应有培养学生的新型目标。举例来说：如果专业实训课中缺少使用外语服务用语进行模拟接待训练这一环节，就是一个"培养目标"与人才市场需求脱节的现象。国际旅游从业人员使用规范的服务用语是最基本的职业技能之一，因而旅游管理专业实训课必须突出这项教学训练，学生通过模拟接待服务训练可以解决两个问题：（1）体会到语言服务技巧的重要性；（2）体会到员工心理与顾客心理可能存在差异。这样，学生就会明确他们为什么要掌握规范的服务用语；为什么要体谅顾客消费心理，提供包括职业微笑、主动、热情、周到为内容的规范服务，并配合教师完成训练计划，达到教学目标。

二、旅游管理专业实训课教学改革建议

1. 改善实训课教学管理体制

实训课教学管理涉及五个要素：教学计划、设施条件、教师、学生和管理制度。处理好这五个方面的关系。建立适应旅游人才市场变化的教学管理体制是实训课教学改革的根本目标，旅游管理专业应从改革实训课教学计划入手，完善实训课的教学条件。落实"考教分离"的教学管理制度，实行"考教分离"的实践课考试制度，可以成为立足校情、坚持改革的有效途径。我校虽然已经实行了"考教分离"的实践课考试制度，但仍处于探索阶段，还有待于完善。

2. 加强职业素养的培育

即将步入旅游业的学生，必须具备良好的职业素养，做好就业前的职业技能训练和职业心理调整，才能较好地适应旅游市场的管理氛围。我认为，应该做以下工作：（1）搞好专业教育。旅游管理专业学生应具备的职业素养包括四个方面内容：思想水平、理论水平、操作水平和职业道德。也就是要具备符合旅游市场需要的"说、写、做"的能力和敬业精神。（2）实训课考试应积极引进、严格执行该行业的职业技能考核标准，从整体上提高专业实践课的组织水平、教学水平和毕业生的职业技能水平、职业道德水准。比如：在实训课考试中增设模拟招工面试，中、英文问答，模拟服务疑难问题处理等项目，使考试内容和考试目标紧密结合，检验实训课教学在培养学生的价值观、职业观以及服务技能等方面是否做到与企业用人标准一致。（3）强化模拟服务和模拟餐厅、模拟客房管理训练。

3. 制定更加科学的教学计划

本着理论课教学与实训课相结合的原则，旅游管理专业在实训课内容设置和教学方法上应该结合《国家职业技能等级鉴定》标准和各类竞赛规则来制订和实施。以此衡量培养的学生是否达标，以及教学目标的完成情况，并依据旅游人才市场变化规律，适时调整教学计划和教学重点。

第十一章
建设"一体四结合"旅游课程群

第一节 课程群建设的背景

一、国外研究现状

从旅游实践教学的发展来看,结合式教学理念及其实践已经在国外旅游院校普及很久了。早在20世纪五六十年代,欧美国家就专门针对旅游企业雇员的能力框架、学校培养教育方式等问题进行了探讨[①]。

1989年,世界旅行社协会联合会发表了《对教育问题之观点:旅游职业岗位取得成功所需的能力》的报告,报告的内容为国外旅游实践教学指明了发展方向[②]。至此,国外高校将旅游实践教学理念升华为办学的制度化理念。

---

① 邹统钎.全球旅游产业领袖培养模式[M].北京:北京师范大学出版社,2011.
② 沈文馥.海西旅游产业发展与高职教育研究[M].北京:中国财富出版社,2009.

近年来，国外高校还将旅游实践教学理念升华为办学的制度化理念，如西班牙武康大学的旅游管理专业非常重视学生实践能力的训练，开设了本科生科研计划、合作教育计划等项目。

从旅游实践教学目标上看，国外高校意识到社会的要求是具备复合型知识结构、国际化视野、较强的动手能力、能胜任经管部门工作的应用型人才。正是鉴于这些考虑，国外高校把实践教学的目标转为经济管理综合素质能力的培养。意大利优尔姆大学作为培养高端旅游管理专业人才的摇篮，在旅游管理领域享有卓越的国际声誉，学校拥有自己的旅行社，均由在校学生经营并对全世界客人开放，是全球最早具有此特色运营方式的教学机构，使得多数毕业生在毕业前就获得众多旅行社的聘用。

从旅游实践教学的学时上看，国外的旅游实践教学地位突出，体现在对实践教学的学时要求上。英国最早创办酒店管理与旅游专业的萨里大学（University of Surrey）十分重视实践教学，实验课课时占较大比例，实践教学与理论教学之比为1∶1左右，并规定学生在学习期间，实践教学训练不能少于两个学期。丰富的实践教学使得萨里大学酒店及旅游管理相关专业均位列全英第一。

从旅游实践教学的师资上看，教师的实践能力和实践经验在国外受到很高关注。美国高等院校联盟（简称AACSB）规定："大部分的大学教师，必须具有最近取得的相关旅游实际工作经验"，并且大学专职教师至少必须有40%在最近5年内拥有60天以上的相关旅游实际工作经验[①]。另外，招纳旅游行业高级职员充实兼职

---

① 黄先开.旅游高等教育研究（第二辑）[M].北京：旅游教育出版社，2011.

教师队伍也非常普遍，在日本唯一的、作为独立学科的四年制本科旅游教育机构——立教大学旅游专业的外聘教师与专任教师的比例接近1∶1。

从旅游实践教学的内容上看，国外教学增加了利于培养综合素质的设计性、体验性等实践内容。在美国高等教育倡导的"大学服务理念"影响下，旅游教育积极地与环境建立联系以提供学生实践机会，让学生深入到复杂的经济社会的实践之中。一些国外的旅游教学规定毕业设计在企业进行，内容都是企业实际的旅游课题。此外，实践教学努力引进高质量、多样性实践教材，既体现知识的基础性，又反映新内容、新理念和新方法的采用。

二、国内研究现状

从1979年在北京第二外国语学院成立旅游干训班到现在，中国旅游教育已经走过近40年的发展历程。1999年全国教育工作会议提出,大力发展高等职业教育的工作要求，我国高职教育进入了蓬勃发展的历史新阶段。由于高职教育的根本任务是培养高等技术应用型专门人才，所以要以应用为主旨和特征构建课程和教学内容体系。目前，国内旅游课程群的教学内容一般以旅游学概论、导游实务、旅行社经营管理、饭店经营管理、计调实训等为主要课程内容。从教学方法来看，大多都是采用理论教学和实践教学两步走，即先行理论教学，后进行实践教学；还有部分学校即使进行了实践教学，但由于实践教学实施方式、实践内容的设计、组织方式不尽合理，教学效果较差；各类考试也均侧重考核规则的记忆程度，学生则沿袭了应试教育下的传统学习习惯，被动接受，缺乏独立思考能力。在这种教学模式下，学生难以系统地理解，基础理论不扎实，缺乏足够的职业判断能力和实际岗位工作能力，很难适应旅游行业日益发展的职业要求。

三、课程群建设的紧迫性

为了真正做好旅游专业人才培养工作，使旅游专业的培养目标更加符合地方经济发展的需要，并加强了解社会对旅游专业人才知识结构和能力素质的要求，笔者对阿坝师范学院、成都理工大学银杏酒店管理学院、四川现代职业学院、四川工商学院等四川省内涉及旅游管理专业的旅游实践课程的学生能力提升情况进行了调研。结果显示，近年来学校的办学模式越来越符合应用型职业教育规律，学生的就业竞争力稳步提升[1]。学生对实践课程的满意度在 2010 年仅为 51.2%，到 2017 年提升到了 80%以上。但是通过调查，也发现了一些问题。高职院校在实训教学课程体系、实践教学条件、实训师资配备、实践教学制度等方面都有待改善。因此，改变原有教学程序，重塑新的教学思路，调整优化课程设计，突出实践能力，探索具有应用型职业教育教学特点的课程教学方法势在必行。

---

[1] 孙九霞. 传承与变迁：旅游中的族群与文化[M]. 北京：商务印书馆，2012.

第二节 课程群建设的意义

旅游管理专业课程属典型的应用型课程,其人才培养目标定位应是技术型、应用型和桥梁型人才,主要为中小旅行社、旅游酒店培养直接在一线工作的人员。高等职业教育应通过校内模拟旅行社、实体酒店的建立,培养适应旅游一线需要的高等技术应用型人才。

校内培养的目标工作岗位与企业所设立的岗位职业,二者所需技能是相对应的,每一个岗位都需要有相应的基本技能才能胜任其工作,这些岗位所需要的职业核心能力主要是旅游经营管理能力,而这一核心能力主要通过旅游课程群的学习和实践来培养[①]。该课程群建设是理论教学与单项实训教学的同步,所谓"一体",即融"教、学、做"于一体;"四结合"即教学与职业资格证书考取结合,基础课程与专业课程相结合,教学与社会服务结合,学校与企业结合。"一体四结合"构成一个循序渐进的体系,以期提高学生的实际业务水平,培养出社会需要的合格的技术应用型人才。

因此,如何整合旅游课程群及采用什么样的教学方法是高校旅游管理专业培养适应社会职业岗位需求的合格学生时要解决的关键问题。因此,旅游课程群采用"一体四结合"教学方法可以实现旅游管理专业学生核心职业能力的培养,以实现零距离上岗。

---

① 阎友兵,方世敏,刘建平. 红色旅游与青少年思想政治教育研究[M]. 湘潭:湘潭大学出版社,2012.

第三节　目标与构想

旅游课程群"一体四结合"教学方法,是将理论教学内容与实训教学内容有机地糅合在一起,做到了系统性和实践性的有机统一,将原来的课程同与之相配套的实训课题有机组合[①]。旅游课程以学生就业为目标,以旅游职业岗位群为主线,以模拟旅行社运作、实体酒店运作为前提,以旅行社经营管理、外联采购、计调旅游线路设计、旅游电子商务、模拟导游与景点讲解、导游实务、领队业务为基础,以通用内容业务具体准则为补充内容体系,最后形成相应的内容单元;同时,将实习、实训课提前,在理论教学过程中同步实施旅游各个内容单元的实训,边教边学、边学边做。这种一体化的教学模式可使理论知识的学习与实际操作的训练在最短的时间内紧密结合,理论指导实践,实践又深化理论,并且与职业资格考证体系一致,使教学内容更具有针对性,做到课证融合,融"教、学、做"于一体,使学生真正做到知行合一,对培养高职学生的专业素质起了很好的促进作用,使教学时间和教学设备的利用率大大提高[②]。

---

① 郑向敏.旅游研究二十年:视角与原论[M].上海:上海交通大学出版社,2011.
② 全国旅游职业教育教学指导委员会.2014中国旅游职业教育年度报告[R].北京:旅游教育出版社,2015.

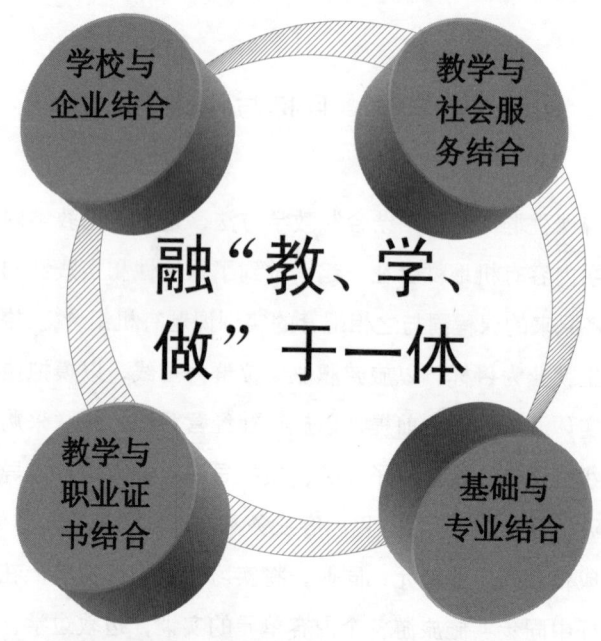

图 3 "一体四结合"教学模式

构建旅游课程群"一体四结合"的教学模式,具体目标如下:

一、设置"一体化"的教室

这是实施"一体四结合"教学的首要条件。根据旅游管理专业的特点,这个教室就是旅游企业和教室的一体化,是星级饭店、旅行社经营管理、外联采购、计调旅游线路设计、旅游电子商务、模拟导游与景点讲解、导游实务、领队业务、电脑及黑板、粉笔、投影仪的结合。

二、选用"一体化"的教材

这是实施"一体四结合"教学的必要条件。这里的教材既可以是实验手册和课本的一体化，也可是行业规范与课本的一体化，还可以是操作流程与课本的一体化。总之，要把理论知识与实践结合起来。

三、聘用"一体化"的教师

这是实施"一体四结合"教学的首要条件。旅游管理专业的教师是饭店经理、旅行社经理、旅游咨询师、计调师、导游、领队和教师的一体化，是理论扎实、精通旅行社业务发展，具有较高素质的双师型教师，可以有效地将理论融入实践教学中。

四、注册实体旅行社与实体饭店

这是实施"一体四结合"教学的关键条件。真正旅游岗位能力的培养，必须"真刀实枪"，它需要学院有自己的旅行社、自己的饭店，是真实的公司化运作，有真实的旅游业务，使学生真正零距离接触旅游工作岗位的工作。

旅游课程群"一体四结合"教学方法具体是：理论教学与单项实训教学同步，融"教、学、做"于一体；教学与职业资格证书考取结合；基础课程与专业课程相结合、教学与社会服务结合；学校与企业结合；以期提高学生的实际业务水平，培养出社会需要的合格的技术应用型人才。

第四节 主要内容

旅游课程群通过循序渐进"一体四结合"教学方法的实施，培养和提高学生旅游职业核心能力及其综合素质，架起沟通社会与学校的桥梁，培养出适应生产、建设、管理和服务第一线需要的德、智、体、美全面发展的高等应用型专门人才[①]。

一、构建旅游课程群体系

旅游目标工作岗位与岗位职业所需技能是相对应的，每一个岗位都需要有相应的基本技能才能胜任其工作[②]。该课程群是旅游饭店、旅行社经营管理、外联采购、计调旅游线路设计、旅游电子商务、模拟导游与景点讲解、导游实务、领队业务构成的一个循序渐进的体系。

二、校内实训基地建设

努力把校内实训基地建设为从服务旅游管理专业教学为主的功能齐备，设施先进的，载有实现专业实践教学各项需要的各类型仿真实验室，涵盖"虚拟旅行社""虚拟旅游酒店""虚拟旅游

---

① 杨主泉.旅游管理专业教育教学改革研究与实践[M].北京：旅游教育出版社，2013.
② 王昆欣.浙江省旅游类高职高专教育发展研究[M].杭州：浙江大学出版社，2011.

车队""虚拟景区景点"以及不同行业的虚拟公司。在实训基地整体规划中，要考虑人才培养的整个过程。既要有分岗位实训室，也要有综合实训室；既要有专业实训室，也要有通用的沙盘及旅游电子商务实训室；既要考虑硬件建设，也要考虑软件建设。只有这样才能保证实践教学体系中多种实践教学任务的需要。

三、建设"双师型"教学师资队伍

随着高等教育的飞速发展，各院校的办学规模不断扩张，在校学生数量更是急剧增加，师资缺口也日益明显，生师比例越来越大，师资队伍建设迫在眉睫。师资队伍建设主要通过以下几个方面完成。

（一）师资引进

师资引进应以高学历、高职称、"双师型"为主要对象，师资引进的重点一是满足专业教育教学和专业建设需要；二是大量聘请行业企业的专业人才和能工巧匠到学校担任兼职教师，提高兼职教师的比例。在引进过程中，不能只重学历、职称，不看专业、年龄，要始终把专业的持续、长远发展作为师资引进的依据。

（二）师资培养

教育部《关于加强高职（高专）院校师资队伍建设的意见》（教高厅〔2002〕5号）早就指出，要"建设一支理论基础扎实、又有较强技术应用能力的'双师型'教师队伍"。为此，应制定和完善实践教学教师进修培训制度，一方面，选拔有培养前途的年青教师参加省培、国培及企业行业培训；另一方面，对未达到规定学历要求的进行相应的学历达标培训，鼓励教师在职攻读硕士、博士学位，不断提高教师和中青年教师中研究生学历（学位）的比例；另外，旅游课程群的职业性、实用性和技术性特征决定了其从业教师应该是"双师型"教师，鼓励教师到企业挂职锻炼，鼓励教师参与科研，把"双师型"教师培养成学校师资的主流[①]。

（三）注册旅游企业

通过校内具有双师资格、具有实践经验的教师，聘请相关旅游企业的经理、旅游工作者共同研究建立校内旅行社，争取一定数量的企事业单位、游客的支持，获得旅行社业务。校内旅行社、实体饭店可接纳教师兼职顶岗工作，接受学生顶岗实践，成为能给学生真账实践的基地。真实系统地学习和掌握旅行社岗位所需的基本技能与专业技术，取得实际工作经验，巩固、综合、强化实践能力，实现学院职业教学、学生岗位素质培养、旅行社获取盈利等的多赢。

---

① 全国旅游职业教育教学指导委员会. 全国旅游职业教育教学指导委员会科研成果集2014[C]. 北京：旅游教育出版社，2015.

第十二章
开发旅游商品　助力农村脱贫

阿坝师范学院地处阿坝州汶川县,羌族群众在这里世代繁衍,创造了璀璨的文化,但由于地处偏远山区,经济发展一直落后于省内其他市州。在国家精准扶贫、精准脱贫的大政方针指引下,由学校牵头,管理系旅游管理专业与艺术系艺术设计专业的学生参加,争取开发出有地方特色的旅游商品推向市场,助力广大农村脱贫增收。

第一节　阿坝州旅游商品市场发展现状及问题

旅游购物的销售收入在旅游总收入中所占的比重大小是衡量一个国家或地区旅游业经济结构是否完善的重要方面,而旅游购物的发展是以旅游商品为基础的。那么,阿坝州旅游商品市场的发展状况究竟如何?

一、阿坝州旅游商品市场发展现状

1. 旅游商品收入在旅游总收入中的比重小

作为一个旅游资源丰富的地区，近年来阿坝州旅游业一直保持快速发展的势头，无论是入境旅游人数和国内旅游人数都保持持续稳定的增长。但旅游商品销售收入在旅游总收入中所占的比重却一直徘徊不前，这与阿坝州旅游业快速的发展步伐不相适应。而且阿坝州旅游商品收入在旅游总收入中的比重远远低于全国平均水平。这种状况不仅与阿坝州旅游发展总体水平极不相称，也与阿坝州丰富的可供开发和生产的旅游商品的资源量极不相称。

2. 旅游商品市场销售网络尚在构建

目前阿坝州旅游商品的销售，主要是通过以下途径进行的：一是旅游景区、景点的旅游商品零售商在景区、景点内或附近的购物区设点销售；二是在旅游集散地设有零散的旅游商品购物商店或专营柜台销售旅游商品；三是旅游商品生产企业自行设置的销售点销售本企业的产品。由此可以看出，阿坝州旅游商品网络尚未形成，没有形成系统、完备的旅游商品销售网络。

3. 旅游商品的地方特色不足，品种单一缺乏内涵

虽然阿坝州可供开发和生产旅游商品的资源非常丰富，但是通过调查我们发现，阿坝州旅游商品市场上销售的主要是一些传统工艺品和土特产品，包装粗糙，结构单一，缺乏创新和特色，缺少文化内涵，体现不出当地特色、景区特色和民族特色，纪念性、实用性不足，因而难以获得旅游者的认同。且各地景区、景

点销售的旅游商品大同小异，商品结构雷同。

二、阿坝州旅游商品发展存在的问题

1. 管理体制尚未理顺，缺少发展规划的正确引导

阿坝州目前的旅游商品主要由私营企业生产，这些企业一般都比较小，属于小作坊或者个体户。虽然基本上掌握了本地定点生产企业名单，但实际上无论对旅游商品生产企业的管理，还是销售网络的布局，旅游局都难以实际履行协调管理的职能。所以，目前阿坝州旅游商品市场的管理体制尚未理顺，管理处于混乱和无序的状态。正因为没有建立起合理有效的管理体制，因此，旅游商品开发缺少发展规划的正确引导。既缺少长远的总体规划，又缺少近期开发的专项计划，旅游商品的开发实际上处于一种自发的状态。

2. 思想认识存在误区，重景区开发轻旅游商品开发

长期以来，旅游业发展的重点主要集中在旅游景区、景点的规划建设、宾馆建设和旅游基础设施建设上。对于旅游商品的开发一直没有列入旅游业重要内容来研究落实。因为旅游发展前期只有把有限的资金优先用于阿坝州丰富的自然和人文旅游资源的开发和旅游景区的建设，使旅游产品结构中食、住、行、游等构成旅游者基本旅游消费的要素快速发展，才能满足旅游者对旅游产品快速增长的消费需求。但在以后的发展过程中，仍然只重视景区的开发和门票收入，而忽视旅游商品的开发和旅游者的购物消费，则会导致旅游业结构中各构成要素发展不平衡，不能形成

相互协调、平衡发展的旅游产业链,这无疑会影响阿坝州旅游业的持续健康快速发展。

3. 旅游商品开发缺少创新

在科学技术日新月异的时代,创新成为决定企业生存、发展的关键因素,对旅游商品来说更是如此。旅游商品的生命力和竞争力在于创新,只有着力求新,才能在商品市场上长盛不衰。在阿坝州,生产工艺品和其他特色商品的工艺美术行业,一直都是旅游商品开发的重要力量。但是由于工艺美术企业多是在手工业基础上发展起来的,受各种因素的制约,独立的技术创新实力较弱,对旅游商品的开发主要依靠的还是传统的生产工艺技术,很少融入新技术和新工艺,难以提高旅游商品的文化含量和科技含量。落后的生产工艺和生产水平,也使开发出的许多旅游商品无法满足批量生产的条件。

第二节 羌绣纹饰技艺旅游商品开发

羌族是我国最古老的民族之一,有着悠久的历史文化渊源。羌族是我国历史上的一个具有传奇色彩的民族,千百年来,生活于岷江上游的羌族人民在特定的社会环境和历史发展进程中,形成了自己独特的民族民间艺术。她们发明创造的羌绣,作为羌族艺术文化中一朵不可多得的艳丽奇葩,在我国民族手工艺品领域中占有重要的一席之地。

羌绣多用粗布或棉线缝制而成,粗布造就羌绣朴素耐用的品质；棉线赋予羌绣色彩强烈、图案多样的美感。羌绣作为一种旅游资源，在经济发展中发挥着越来越重要的作用，尤其是在羌族一些经济发展落后的地区，不仅可以改变传统经济的产业结构，带动第三产业发展，还会连带地产生巨大的社会效益和文化效益。

一、羌绣纹饰的特征

1. 工艺

羌绣针法丰富，每种针法都有自己的风格特点，心灵手巧的羌族姑娘能依据不同需求灵活运用多种工艺技法。依照工艺的不同，针法可分为"挑花""嵌花""提花""纳花""纤花""撇花""勾花"等。在各类绣法中，尤其以挑花工艺最为常见，它也是羌族妇女最喜爱的表现手法。羌族的挑花刺绣选用黑、红、蓝、青、白等颜色的纯色底布，用丝棉线在布上进行绣制，绣品朴素大方，简约而不失美观。在挑绣时，羌族妇女不绘草图，也不画线，凭借娴熟技巧而信手成绣。

2. 羌绣题材

羌绣图案大致可归纳为动物纹样、植物纹样和抽象纹样三种。动物纹以羊纹、蝴蝶纹、虎头纹、狗纹、狮纹，龙凤纹等为主；植物纹样有杜鹃花、羊角花、菊花、牡丹、麦穗、石榴、金瓜花等；太阳纹、星月纹、十字纹、万字纹、如意纹、回纹、云纹、火纹则是常见的羌绣抽象纹。这些图案题材多是反映羌族生活或自然景物，这是与当地自然资源及气候条件紧密联系的。羌绣流行于四川省西北部的岷江河谷地带和北川县等地，这里原始植物茂盛，奇花异草繁多，珍稀动物在世界范围内极负盛名。得天独厚的自然优势为羌族刺绣提供了丰富的题材内容，羌民族将自身熟悉的动植物加以变形，重构成形状各异的图形，再创造出丰富多彩的羌绣图案。

3. 纹饰色彩

羌绣在配色上艳丽大胆，对比强烈，体现了浓厚的羌族艺术形式。羌族人民以青、紫红、黑和白为惯用的着装色彩，而羌绣的颜色则多以这些色彩的补色和对比色进行搭配，如嫩绿、浅紫、桃红、天蓝、淡黄等，以此形成了明度差异和色阶递变，使羌绣的色彩看起来丰富绚烂。

羌绣色彩应用的另一特点是创新性。尽管羌绣中也有尊重客观自然的配色，但更多的则体现出人们的创新性，没有刻板的理论限制，羌族妇女可根据自己的想象将生活中花草树木等赋予新色彩，如将大红色的花朵配上紫色叶子和蓝色花茎。这种不拘一格的配色方案恰突显了羌绣艺术魅力和羌族文化的外向性，使羌绣成为我国民俗艺术中的一朵奇葩。

二、羌绣纹饰的文化内涵

任何民族的艺术意识形态和审美观念都与这个民族的信仰崇拜、神话传说、生活环境和文化习俗分不开，羌族也不例外。羌人本为"西戎牧羊人"，后定居在岷江流域的山地地区，由于没有文字，羌族刺绣在无意中成为了记录族人生活环境、宗教信仰和生活理想的重要载体。因此，我们能从羌绣纹饰上发掘其文化内涵,了解羌族人民的思维模式。

1. 民族信仰与图腾崇拜

羌族的历史可以追溯至殷商时代,古羌族是一个以养羊为主的畜牧民族。由于羊在羌族社会经济生活中一直扮演着重要角色,所以羌族人对羊有特殊感情,逐渐形成了羊图腾崇拜。相传,羊不小心吃掉了古羌族人的神圣经书,致使羌族文字遗失,羌人便将羊皮绷成鼓来敲,每敲一下,羊就会吐出一句羌族经文。因此,羌族人认为羊与本族祖先有密切关系,常用羊作为祭祀的祭品。此外,羌族人还喜欢穿羊皮褂,用羊毛织线,将白羊毛挂于颈上以表祝福。在羌绣作品中,羊面纹、羊角纹和羊角花图案出现频率极高,这与羌人视羊为血亲不无关系,充分体现了羌族人世代沿袭的图腾信念和民族信仰。

2. 自然崇拜

羌人热爱生活,热爱大自然并寄情于羌绣中,高海拔地区四季分明的变换,山地垂直植物带丰富纯净的色彩变化,古羌族游牧生活的生存状态使得羊纹与云纹成为羌绣的主要装饰式样。羊纹前文已提到过,在此不赘述。羌族自称是"云朵上的民族",可见云纹的地位与作用。羌族生活在高山峡谷中,常年见到烟云变化的自然现象,故灵敏聪慧的羌族妇女将其演化成流畅自然的云纹图案,并用来刺绣,羌绣代表性作品之一的"云云鞋",反映的就是这种情怀。羌族还有保护森林的良好习惯,由于羌族处于林区,很久以前就认识到了森林的重要性,并将与村邻近的森林称为神林,认为与风水有关,关系当地羌民存亡。这也是羌族绣品多植物纹样的原因。植物纹样中的杜鹃花、菊花、杉枝等都是羌族人熟悉和喜欢的对象，羌族妇女将这些熟知的植物形象加以简化、概括和抽象，取其生命力强劲的意蕴，以图案化的形式刺绣于服饰上，既表现了他们对生存环境的客观反映，又传达了热爱生活、尊重自然的民族特性。

3. 吉祥寓意

羌绣题材与中华其他民族的装饰题材一样，可谓"无处不吉祥"。"鱼水和谐""石榴送子""瓜瓞绵绵""麒麟呈祥""金瓜向阳""凤穿牡丹""三羊开泰""乾坤欢庆""四羊双菊""四羊识宝""鹿鹤回春"等图案饱含了羌族人对幸福生活的憧憬。羊是羌族最崇拜的动物之一，除此之外，它还因与"祥"谐音而被赋予四季吉祥、财源滚滚的美好寓意。金瓜象征硕果累累，意在祈求常年丰收；蝴蝶象征夫妻爱情美满，比翼齐飞杜鹃花图样也是羌族人最爱使用的，因为杜鹃花藤、花相连，连绵不绝，形状饱满，暗含子孙繁衍和多子多福的意味。

三、羌绣纹饰技艺蕴含的旅游商品价值

羌绣的价值主要由羌文化在现今社会发展中的经济价值决定的。

1. 经济产业价值

羌绣是羌族人民利用当地资源，改善生活的重要手段。在现代社会生存竞争日益激烈的严峻形势下，固守传统、恪守陈规将严重影响到羌族地区经济、社会、文化的命运前途。近十多年来，

山东潍坊、河北沧州等地充分发挥当地的风筝、杂技等传统民俗文化资源发展旅游业，举办潍坊国际风筝节、吴桥国际杂技艺术节等活动，促进了当地经济的发展。

2. 社会文化价值

在当今社会都在感叹"世风日下，传统可爱"的心理状态下，积极发展旅游业，促进羌绣的发展壮大，扩展知名度，不但顺应民心、得民意，还可以起到凝聚人心的作用。发展羌绣旅游，可以增强羌族人民的文化自觉和文化自尊，还有利于社会主义和谐社会的建设。

3. 审美娱乐价值

羌绣旅游作为民俗旅游的一种，是高层次的文化旅游。进行民俗旅游的开发，大多数选择那些历经数千年文化洗礼的"良风美俗"，譬如精湛的工艺、巧妙的建筑等。所有的这一切，无不体现出人类创造精神的伟大和社会现实生活的美好。而羌绣作为一种物质民俗，以其精湛的刺绣工艺，绚烂多姿的图案色彩，使旅游者置身于浓郁的羌族文化氛围中，亲自参与、体验，娱人娱己，具有极高的娱乐和审美价值。

4. 文化传承价值

跨文化的交流，使得羌族文化和其他民族的文化互相映衬，互为表里，彼此参照，把你我早已习以为常、见惯不惊的日常生活文化形式、文化行为及文化精神凸显和放大，使人们惊异地发现它们的内在价值、神奇作用和美好形象，激发人们自觉保护、传承发扬光大民族文化的兴趣、责任和义务。各种优秀的民俗文化就在这样的旅游碰撞、闪光、交流中得以弘扬和传播。

四、羌绣纹饰技艺旅游商品开发

羌绣地方风情浓郁,艺术性强,在开发过程中,要重点开发其独特之处,充分展现羌族人民的精神面貌。以下几种方案是根据羌绣的形、色元素,在尊重羌族传统文化的同时将时尚元素渗透其中而进行的羌绣的创新设计,她充分开发了羌绣的文化内涵,展示了羌绣这一手工艺品的独特身份。

1. 保护为主,抢救第一

羌族是我们中华民族大家庭成员之一。千百年来,羌族和我们民族大家庭的其他成员一起,共同创造了中华民族辉煌灿烂的伟大文明。"羌绣"是迄今为止最为鲜活生动,与羌人生活最为密切,最能与现实世界对话的羌文化非物质遗产,她的构图、配色、针法有着浓郁的民族特色。浓厚的文化底蕴和广泛的运用空间,使羌绣具备了融入现代人生活领域的必要条件,羌文化也因此得到发扬和传承。所以,保护羌人的碉楼建筑,抢救那些所剩无几的羌绣艺人,是我们开发羌绣、拓展羌绣市场的首要步骤。

2. 以羌族服饰为蓝本的时尚人偶

将羌族古老的服饰文化与时尚用品相结合而进行的人偶设计,重点是将羌族文化融入到生活细节中。这种独特设计的特点在于除了可以把玩、欣赏,还可以把他们充当开瓶器。人偶头部使用了羌族男性的包头巾,人偶衣服图案则采用了挑花、羌族云朵等图案。这种人偶整体造型圆润滑稽,成为极具时尚感的惹人喜爱的工艺品。

3. 开办羌族民俗馆

对于四川羌绣来说，保护优秀的有文物价值的羌绣是十分必要且势在必行的，羌族民俗博物馆是目前国内唯一一所羌族文化博物馆，此馆正在努力收集各种羌文化的文物。此外，在馆中还可以举办各种表演及现场教授一些简单的羌绣技艺。此举可以让游客了解到羌族人民的生活习惯、精神面貌等许多信息。让世人了解羌绣、认识羌绣，扩大其知名度，利用现代多媒体技术把羌绣发扬光大。

第三节　助力水磨镇乡村旅游产业化脱贫

水磨镇是震后阿坝师范学院驻地，小镇地处大山深处，长期以来经济发展落后，人民生活贫困，为认真贯彻落实习近平总书记"一个希望、三个着力"的重要讲话精神，紧紧围绕省委省政府提出的"精准扶贫、精准脱贫"工作主线，早日让群众脱贫致富奔小康这个总目标，根据省委省政府《关于集中力量打赢扶贫开发攻坚战，确保全面建成小康社会的决定》、汶川县委县政府《2016年精准扶贫项目实施方案》的部署和要求，阿坝师范学院要求旅游管理专业密切结合水磨镇乡村旅游产业，全力做好"精准扶贫、精准脱贫"攻坚工作，积极践行党的群众路线，扎实推进"挂包帮"和"双联"工作，争取通过校地结合让"精准扶贫、精准脱贫"政策在水磨镇取得新的成效。

经过多方调研与论证学校认为,建设乡村旅游与农业联动模式、乡村旅游与企业联动模式、乡村旅游与文化产业联动模式、乡村旅游与体育产业联动模式、乡村旅游与养老产业联动模式,是当前水磨镇乡村旅游产业化脱贫的有效途径之一,并得到水磨镇党委政府的认同。

一、乡村旅游与农业联动模式

休闲观光农业是一种新型农业,游客不仅可观光、采果、体验农作、了解农民生活、享受乡土情趣,而且可住宿、度假、游乐。通过寓教于乐的形式,让参与者更加珍惜农村的自然文化资源,激起人们热爱劳动、热爱生活、热爱自然的兴趣,也进一步增强人们保护自然、保护文化遗产、保护环境的意识。以茶产业、水果种植、观光畜牧业、竹产业、中草药产业为基础,实施茶旅、果旅、药旅等农旅联动模式。

二、乡村旅游与企业联动模式

乡村旅游产业化扶贫建设需要与相关企业进行联动,鼓励各种非旅游企业和旅游企业进入,促进贫困地区乡村旅游向真正的产业化、专业化发展,以此扩大扶贫的区域范围,扩大乡村旅游的就业面,提升乡村旅游的市场认同度和乡村旅游品牌。进一步弘扬传统旅游商品的手工制作工艺,初步形成传统手工工艺的知识产权保护体系。大力发展旅游商品中小企业,制定扶持乡村旅游中小企业的政策,设立旅游中小企业的专门管理机构和行业协会。制定为乡村旅游中小企业提供包括财政、税收、金融、科技和计划指导等方面的优惠政策，包括向旅游小企业提供银行贷款担保和提供少量的直接特别贷款；政府礼品等的采购向旅游中小企业倾斜；建立旅游小企业发展中心，作为技术与服务平台，向旅游中小企业提供技术、管理、市场等多方面的咨询、培训及信息服务。增加中小企业风险投资，鼓励旅游中小企业创业。建立旅游"小企业孵化器"体制，负责促进旅游小企业发展。

三、乡村旅游与文化产业联动模式

阿坝州乡村具有悠久的历史和浓郁的藏羌民俗特色，在开发中要以多民族原生态文化为基础，以自然生态奇景为依托，以创意创新为核心，以知识产权为根本，扩大文化消费，创新文化业态，实现文化产业与乡村旅游产业融合发展，传统文化产业与文化创意新业态融合协调发展，文化产业与文化遗产保护融合协调发展，打造文化体验旅游新高地。依托当地的历史文化和民族文化资源和区位条件，进一步推动乡镇一体化建设，实现"两翼经济"，促进旅游开发与地方各项产业综合发展的互动。

四、乡村旅游与体育产业联动模式

以寿溪河为核心，大力推进乡村旅游与体育联动，大力开发乡村保健、乡村运动型旅游系列产品，加强与各专业运动协会的联系，建成休闲健步基地和休闲度假示范区，根据体育旅游项目建设与景区观光、度假、公共服务配套共生而又市场分割的特性，制订适宜户外运动发展的分段式资源租赁使用的规范条例和准入条件。进一步推进乡村节事、赛事活动的产业链条化，培养节事赛事的活动爱好者、俱乐部和网站建立，发展自身专业化的乡村体育旅游公司、体育旅行社、体育探险协会及户外俱乐部，建设特色旅游商品名店。

五、乡村旅游与养老产业联动模式

推进三江镇、漩口镇、都江堰赵公腹地、青城后山等地乡村旅游与养老产业的联动，大力发展乡村养老休闲度假，结合旅游市场需求走向，大力推进乡村环境建设，培养休闲村寨、退休新居、乡村分时度假房产等新业态，增强乡村旅游产业的生命力。

第十三章
申办本科　开创未来

阿坝师范学院经过15年的旅游管理专科办学，取得了辉煌的成绩与丰富的教学经验，但是学校也清醒地认识到在全民教育普遍提升的今天，专科办学存在着很大的局限性，认识到只有本科教学才是当前旅游管理专业出路之所在。

旅游管理专业专升本，原计划将现有的旅游管理专科升格为本科，但是目前全国开设旅游管理专业的学校太多，如果盲目地开设旅游管理本科必将陷入无序竞争，经过多方论证，2016年学校向四川省教育厅提出开办旅游管理与服务教育专业本科教育的申请。

第一节　申报本科的必要性

第一，近年来，随着学校所在地阿坝州旅游业的快速发展，对本科以上高学历的人才的需求逐年增加。根据阿坝州2016至2020年人才需求报告，未来五年，阿坝州旅游企事业单位需要本科学历的专业人才980人。

第二，四川省具有中等学历教育招生资格的学校459所，其中242所学校开设有旅游类专业，在校生规模接近3万人，未来5年，需新增本科及以上具有旅游职业教育能力的教师600名。

第三，四川中等职业教育发展中面临的另一个主要问题是毕业生没有本科学历提升通道，他们想获得更高层次教育的愿望无法实现。学校如能开办旅游管理与服务教育本科专业，将以招收中职、职高和技校学生为主，这就在一定程度上满足了中等职业教育毕业生学历提升的要求。

第四，在全国范围内，只有12所本科院校开设了旅游管理与服务教育专业，四川省目前没有一所高校开设旅游管理与服务教育专业，这与四川省旅游大省的身份极不相称，也不能满足四川中等旅游职业教育快速发展的要求。如果能够成功开设旅游管理与服务教育专业，将进一步优化四川省本科院校的专业结构，进一步提高旅游职业教育师资队伍的培养水平。

第二节 申报本科的可行性

一、学院已有条件

阿坝师范学院正式创办于1978年，是经国务院批准建立的省属全日制普通高等学校。2015年，学校升格为普通本科高校。

阿坝师范学院占地面积1024亩，建筑面积22.60万平方米，馆藏纸质图书99.6万册，教学科研仪器设备总值7469.93万元；

有15个教学系（部），开设有文、理、工、管、法、艺术、教育、历史8个学科门类29个专科专业，11个本科专业；有专任教师394人，其中副高以上职称141人，正高职称30人，研究生学历（学位）教师252人。

学校教学科研仪器设备总值7469.93万元，有2个校内实验教学示范中心、120个实验（训）室、71个校内外实训基地、6个教师教育实验区。国家级科研项目6项，省部厅级项目200项，发表论文2555篇，其中核心期刊543余篇（EI、SCI、ISTP74篇）。

综上所述，学校已完全具备申报本科专业"旅游管理与服务教育专业"的各项条件。

二、管理系具备设置该专业方向的实力

管理系现有专职教师19人，其中教授1人，研究员1人，副教授10人，具有硕士学位教师14人，双师型教师11人。管理系拥有近700万元的教学仪器设备，有专业实训室6个，有校内实训基地2个，校外实训基地1个，在阿坝州及成都附近县区建有实习、见习基地6个，学校建有1个教师教育实验区。师资队伍力量和办学条件完全能够满足开办旅游管理与服务教育专业的要求。

三、课程设置符合本专业方向的发展

阿坝师范学院教务处和管理系一起依照教育部对普通高校本科专业课程设置的要求，并根据自身特色和条件设置了"旅游管理与服务教育"专业人才培养方案。

该培养方案的重点是培养中等职业旅游教育师资,突出了中等职业教师专业化训练方面的课程,强化了"能力培养"和"实践主导",实践教学的学时比例达到52.05%。该培养方案既夯实了学生的专业基础,又强化了中职教师技能和企业职业岗位技能的训练,突出了应用型人才培养,确保了专业人才培养目标和培养要求的实现。

第三节 本科培养方案

一、人才培养目标

培养适应社会主义现代化建设需要的,德、智、体、美等方面全面和谐发展,具有坚实的旅游管理基本理论,掌握中等职业教育基本理论和方法,具备吃苦耐劳品质和技术创新精神,在中等职业学校从事旅游管理类专业教学工作的职业教育师资和在旅游企事业单位从事管理和技术服务工作的高层次应用型人才[①]。

二、培养规格

(1)热爱祖国,有科学的世界观、人生观和价值观。具有良好的思想道德修养和心理素质,遵纪守法。热爱教育事业,养成

---

① 上海市教育委员会. 职业教育国际水平专业教学标准开发的研究与实践(旅游服务与休闲保健类)[M]. 上海:华东师范大学出版社,2014.

良好学风，具有艰苦求实、善于合作和勇于创新的科学精神。

（2）具有较宽的知识面和较好的人文、艺术修养，具有审美情趣和较强的语言表达能力，积极参加社会实践，具有一定的团队合作和社会活动能力，具有求真务实的科学素质。

（3）掌握现代旅游管理的基本理论和基本知识，掌握旅游管理基本思维方法和基本技能，了解旅游管理和旅游教育的发展趋势，了解学科前沿知识和发展动态，具有较合理的知识结构和宽厚的知识基础。

（4）获得中等职业教师教育能力的训练，具有良好的职业教育教师素养。掌握旅游职业教育的基本理论和基本方法；具有现代教育观念，了解职业教育发展趋势与改革实践，掌握先进的教育教学方法和现代化的教育手段，具有从事中等职业旅游教育的教学能力、教育管理能力和教育科研能力。

（5）具有外语综合应用能力和较熟练的计算机应用能力，外语、计算机达到规定的要求；能够综合运用外语、计算机和旅游管理信息系统进行本专业的学习和研究。

（6）掌握体育、卫生保健和心理调适的基础知识，养成文明的生活习惯，达到国家规定的《大学生体质健康标准》，具有健康的体魄、良好的心理素质。

三、应用型人才培养定位

为贯彻落实国家关于普通本科高等学校向应用技术类型高等学校转型的决策，新申办的旅游管理与服务教育着眼于培养应用型人才。

学校认为培养新型应用型人才主要依通过"就业能称职""创业有能力""发展有后劲""深造有基础"这四个方面来检验。

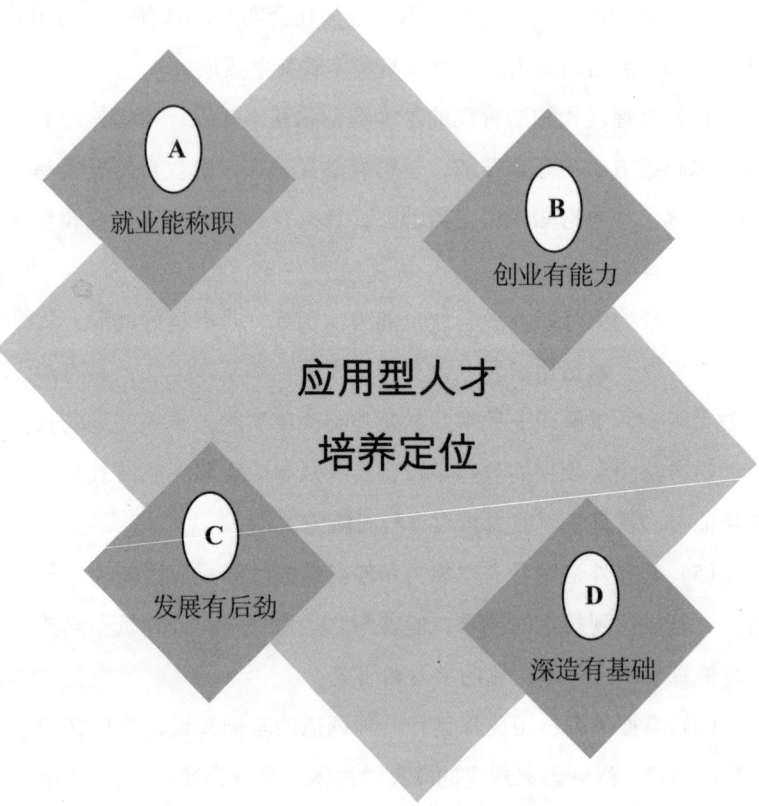

图4 应用型人才培养定位

四、应用型人才培养定位预期效果

1. 实现人才培养目标

通过建立并完善符合应用型人才培养规律的企业和地方参与

合作培养人才机制的改革创新，最终实现人才培养的目标，即上岗受欢迎，发展有空间的高素质人才。企业在同学院合作培养人才中，得到满意的实习生、毕业生的回报，不断增强积极性、主动性、自觉性。学院的"成就学生，服务社会"的办学理念经受了检验。

2. 创新人才培养模式

学院在重点特色专业建设中，通过优化人才培养方案，以及校企、校地和国际合作，培养创意应用型、技能应用型、复合应用型的多元化应用型人才。从而实现创新人才培养模式的目标。

3. 提高毕业生核心竞争力

在明确的人才目标的指引下，密切与行业的联系，让企业参与到整个人才培养中，也让学生的整个学习过程是理论与实践相结合来完成。构建创新创业教育课程体系，优化创新创业实践教学，加强教师创新创业的教育教学能力建设，改革课程教学方法和考试方法，以此让学生的实践能力、创新创业能力得到了全面的培养，这也是我校旅游管理专业学生的核心竞争力的体现。最终，学生对岗位的适应能力不断得到加强，适应期不断缩短，最终实现毕业生从学校到岗位的无缝衔接。高层次就业率不断提升，毕业生供不应求。

4. 提升学院整体办学水平

通过旅游管理专业的建设，将带动我院产品设计、电子商务、市场营销、英语、会展经济与管理、信息管理与信息系统等专业的改革与建设。学院以旅游管理和酒店管理专业为龙头，建设包括旅游电子商务、旅游产品设计、旅游（酒店）英语、旅游市场营销等专业方向群，促进学院整体办学水平的提升。

5. 促进师资队伍优化

特色专业的建设需要一支高素质的教师队伍。通过六年的建设和培养，预计2020年我校旅游管理专业教师队伍结构如下：高级职称教师占专任教师比例为35%，中级职称教师占专任教师比例为55%；双师型教师的比例至少达到95%。

6. 建立完整的实践教学体系

经过六年的建设、投入和资源整合，一套完整的"校内—校外"相结合、"国内—国际"相结合的完整的实践教学体系已经建立，为学生的进行创新创业的实践教学提供了有力的支撑和保障，实现真正意义的理论与实际相结合，学校与行业接轨。

参考文献

[1] 谷慧敏,秦宇.旅游教育教学法研究[M].北京:北京师范大学出版社,2016.

[2] 傅桦,吴雁华.旅游教育与就业[M].北京:中国环境出版社,2008.

[3] 蔡红.信息化与网络化背景下的旅游发展与旅游教育[M].北京:中国经济出版社,2013.

[4] 韩宾娜.旅游教育概论[M].天津:南开大学出版社,2010.

[5] 汤利华.高等旅游教育是什么[M].北京:中国旅游出版社,2013.

[6] 国家旅游局人事司.中俄旅游教育论坛论文集2011[C].北京:旅游教育出版社,2012.

[7] [新西兰]克里斯·瑞安.旅游科学研究方法:基于游客满意度的研究[M].李枚珍,译.北京:旅游教育出版社,2012.

[8] 邱鸣.中国旅游教育与教学法研究(2010)[M].北京:旅游教育出版社,2010.

[9] 邹统钎.旅游学术思想流派[M].2版.天津:南开大学出版社,2013.

[10] 中国旅游教育年度报告 2015[M]．北京：旅游教育出版社，2015．

[11] 王美萍．高等旅游教育教学质量研究论文集[C]．北京：北京燕山出版社，2009．

[12] 保继刚．旅游学纵横：学界五人对话录[M]．北京：旅游教育出版社，2013．

[13] 陈建斌．广东特色旅游教育与旅游目的地竞争力研究[M]．广州：中山大学出版社，2016．

[14] 李文明．生态旅游环境教育[M]．北京：中国林业出版社，2010．

[15] 中国旅游协会旅游教育分会．旅游职业教育研究与探索2009[M]．北京：旅游教育出版社，2009．

[16] 邹统钎．全球旅游产业领袖培养模式[M]．北京：北京师范大学出版社，2011．

[17] 沈文馥．海西旅游产业发展与高职教育研究[M]．北京：中国财富出版社，2009．

[18] 黄先开．旅游高等教育研究（第二辑）[M]．北京：旅游教育出版社，2011．

[19] 孙九霞．传承与变迁：旅游中的族群与文化[M]．北京：商务印书馆，2012．

[20] 阎友兵，方世敏，刘建平．红色旅游与青少年思想政治教育研究[M]．湘潭：湘潭大学出版社，2012．

[21] 郑向敏．旅游研究二十年：视角与原论[M]．上海：上海交通大学出版社，2011．

[22] 全国旅游职业教育教学指导委员会．2014 中国旅游职业教育

年度报告[R]．北京：旅游教育出版社，2015．

[23] 杨主泉．旅游管理专业教育教学改革研究与实践[M]．北京：旅游教育出版社，2013．

[24] 王昆欣．浙江省旅游类高职高专教育发展研究[M]．杭州：浙江大学出版社，2011．

[25] 全国旅游职业教育教学指导委员会．全国旅游职业教育教学指导委员会科研成果集 2014[C]．北京：旅游教育出版社，2015．

[26] 上海市教育委员会．职业教育国际水平专业教学标准开发的研究与实践（旅游服务与休闲保健类）[M]．上海：华东师范大学出版社，2014．

后记

2002年西南交通大学对阿坝师范高等专科学校（阿坝师范学院的前身）的对口支援，让我有幸从一名"历史人"华丽转身为"旅游人"，在阿坝师范高等专科学校和西南交通大学的联合培养下，笔者2002年开始与旅游打交道，并决定为旅游教育业付出毕生的心血。

从某种意义上说，此书是对笔者十多年来旅游生涯回顾与教育生涯的总结与展望，而本书的宗旨则是想给读者关于如何优化阿坝藏族羌族自治州高校旅游管理专业教学的启迪。

在本书的书写过程中，笔者体会最深刻的是，越到收尾阶段，越是艰难，就如同一个人爬山，越接近山顶，路越陡峭，心也越忐忑：既期待看到心中期望已久的无限风光，又担心所谓的风景只是一两棵树和几块石头而已。

书稿中所有内容都是笔者的亲身经历和总结，并整理内化，希望通过我的笔触把少数民族地区高校办学的不易、办学者的摸索，还有成功的体会，一一呈现在大家面前，相信能让读者们感受到实用性。

书虽为笔者所作，却是集众人的智慧而成的。阿坝师范学院管理系陈林主任多次鼓励和支持我写这本书，并提出具体的设想和珍贵资料；我的家人为此书的出版提供坚强的经济支持与精神支持，在此笔者向他们表示由衷的谢意。最后，特别还要向出版此书的西南交通大学出版社致以衷心的感谢，感谢张华敏编辑为完善本书所作的努力。有大家的支持，实在是我的幸运。

张进伟

2016 年 8 月于成都